Copyright ©2024 Graziella Callado

Todos os direitos reservados

ISBN: 979-8-9905074-4-9

HISTÓRIA DA MINHA VIDA:

UMA PIADA DO UNIVERSO

Parte I

GRAZIELLA CALLADO

VIDA: UM LINDO PESADELO

A regra de ouro de Murphy:

"Quem tem o ouro faz as regras"

ÍNDICE

Eternamente obrigada	6-9
Prólogo	10-12
Testada como 4x4 veículos todo terreno	13-22
Mais alto o coqueiro, maior o tombo do côco	23-28
A pulga esportiva	29-30
Hormônios e mudanças	31-34
Vamos experimentar todos os sabores	35-39
Existência não acontece por acidente	40-55
Vai se mudar, goste ou não	56-57
Brasil → México	58-61
Do flat à casa permanente	62-63
A despedida (não tão boa) de São Paulo	64-65
A experiência turbulenta do colegial	66-72
Outro colégio, mesmo país	73-74
Amor é um cavalo selvagem	75-80
Do paraíso ao inferno, sem escalas	81-90
México → Itália	91-94
Temporada final da Itália	95-97
Itália → México	98-99

E SE A GENTE NUNCA TIVESSE FECHADO O CICLO?	100-104
MÉXICO → ARGENTINA	105-109
AULAS E CORTINAS DE FUMAÇA	110-112
OS MÚSICOS EXPLORADORES	113-117
DE TAREFA UNIVERSITÁRIA A SEQUESTRO	118-123
A CAMBALHOTA CRIMINAL	124-128
DE AMOR UNIVERSITÁRIO A SURPRESA GAY	129-131
CONCLUSÃO	132-133

ETERNAMENTE OBRIGADA

Obrigada Deus pela minha existência, sou um milagre e estou muito grata por viver essa experiência multidimensional.

Obrigado mãe, Rosa Callado, e pai, Norbert Bergmann, por moldarem a pessoa que sou hoje. Os pilares que me sustentaram quando eu estava desmoronando.

Aqueles que mais me apoiaram quando quis ir para outro país, sozinha.

Tenho sorte de ter um time musical e de produção comigo.

Obrigada por fazer parte dos meus projetos, da minha história, do meu progresso.

Obrigado por me incentivar com energia, investimentos, momentos, educação, desafios, viagens, risadas, sarcasmo...

Amo muito vocês. Devo-lhes a minha vida!

No processo de escrever aquele livro, perdi meu pai repentinamente, em questão de meses, e mesmo tendo mostrado essa página de agradecimentos, ele nunca teve a oportunidade de ler o livro completo, pois o tempo estava se esgotando.

Minha dor é incompreensível, só se passaram alguns meses, mas ainda não consigo processá-la.

Eu te amo pai, inexplicavelmente e eternamente.

Então dedico esse livro ao meu pai que agora está no céu, descanse em paz e ria no paraíso, pai!

Eu sempre soube que você iria rir das minhas aventuras de merda!

No entanto, minha gratidão pela vida é imensa.

Estou constantemente questionando-a, mas no final das contas entendo por que as coisas acontecem e como acontecem.

Deus sabe tudo. Assim como deveríamos fazer também.

A vida está constantemente me tornando em uma versão melhor de mim mesma por meio dos desafios.

Perdi amigos muito jovens e se estou aqui até hoje é pela GRAÇA DE DEUS.

Graziella em italiano e Grace em inglês, que é "Grace".

Tudo louva a GRAÇA.

Na verdade, eu AMO meu nome.

É um nome antigo, que mistura "Grazie" que é obrigada em italiano, e "Allah" que é a palavra que se refere a Deus em árabe, então "Grazie-a-Allah" é um louvor a Deus, a graciosa.

Minha mãe escolheu esse nome porque ela quer dizer "obrigada" toda vez que chama meu nome.

Obrigado, Senhor Todo-Poderoso, por me dar tantas graças, permitindo-me sobreviver e experimentar aquelas montanhas-russas malucas que a vida é.

Como ser humano, posso dizer que sou frágil, vulnerável, mas tenho orgulho de servir a Deus, e ao propósito divino, através de mim.

Obrigada a todos os países que me viram crescer, Brasil, México, Itália, Argentina, e Estados Unidos (e um pouco no Canadá).

Obrigada a todos os meus familiares e amigos que se tornaram família ao longo do tempo. As boas lembranças são eternas.

Como mencionei num capítulo, como eles fabricariam veículos off-Road 4x4?

Testando-os.

Dax, um querido amigo me disse em inglês:

"How would God create testimonials without the test?"

"Como Deus criaria testemunhos sem o 'teste'?

Obrigada, caro leitor, por adquirir esse livro e reservar um tempo para lê-lo.

Estamos conectados.

Sinta meu amor, por favor.

Obrigada por embarcar comigo nessa jornada da vida.

Espero conhecer você um dia.

Obrigado Roberto Fodde, meu cineasta, diretor e produtor favorito, que sempre me apoiou e gravou a maioria dos meus videoclipes e *demo reels*.

O melhor amigo da família.

Obrigado, querido Enzo Balc, pela sua incrível ajuda, com meu site, meu conteúdo, minha marca, meus *web designs*, sua amizade e conhecimentos gerais.

Você é como minha mãe, uma enciclopédia humana.

A formatação desse livro e da minha marca está acontecendo graças a você.

Sempre quis escrever um livro, há anos!

Estou feliz por ter conseguido... Cada dia é uma construção, destruição, depois construção de novo, até ficar do jeito que eu quero.

É tão difícil organizar meus pensamentos, especialmente para o meu estilo... TDAH (Transtorno de Déficit de Atenção e Hiperatividade).

Demorou um pouco para as estrelas se alinharem na minha cabeça para que essa trilogia acontecesse.

Somente através da escassez e da miséria eu finalmente me sentaria, reuniria meus pensamentos e depois os organizaria.

Desculpa o bocão, mas PUTA QUE PARIU!

Que caminho do KCT...

Esse livro não é *Radio Edit*, então se você se ofende facilmente, não o leia.

Não deixe de visitar meu site se quiser saber mais sobre mim:

www.grazimusic.com

Meu Soundcloud:

www.soundcloud.com/grazimusic

Você se sente identificado(a)? Envie-me seus comentários ou qualquer história engraçada, gostaria de me conectar com você!

Se você gosta de alguma anedota, frase ou qualquer coisa que te identifique, tire uma foto da página, me marque @grazicall, e tentarei compartilhar o máximo possível.

Agora junte-se a mim nesta comédia dramática que é a minha vida!

Seria trágico se não fosse cômico.

PRÓLOGO

Minha vida poderia ser descrita como um drama dirigido por Coppola, com uma montagem de Tarantino, com a sempre presente comédia de Jim Carrey.
Eu gostando ou não.
Alguns eventos são tão inusitados e ridículos, que meus amigos me dizem que eu vivo em uma novela.
Sim, em um drama, cheio de momentos cômicos.
Sempre foi uma montanha russa de emoções, um teste constante de força, desde o primeiro dia que nasci.
Eu sei onde quero ir, mas a vida é complexa, e continua me dando o oposto.
Nunca foi linear A→B, não! É um macarrão.
A vida te dá uma combinação de coisas opostas, para testar seus metais e verificar quão porreta você é pra conseguir as coisas.
Já teve aquele desespero que te leva a olhar pra cima e perguntar "Mano, é isso mesmo?"
Não há dúvida que o universo é engraçado, e que todos somos parte do teatro.
E os momentos de tristeza são aqueles que nos ensinam as lições. As desgraças nos trazem as bênçãos.
Simplesmente temos que processar tudo, navegar entre os momentos ruins e encontrar a luz no fim do túnel.
Muitas coisas legais aconteceram, mas que porra é a vida?

Voltei de uma viagem que fiz para a Europa em 2022.
Não tinha nada, nem dinheiro, nem trabalho, nem um amor, nem amigos, olhei para o meu lado, vi minha mãe enfrentando

problemas de saúde, mais do que nunca, e agora meu pai com um grave problema de saúde também, eis o que aconteceu.
Beleza, tem gente com problemas maiores, mas nascemos para sermos abundantes, né?
Então o que é que está faltando?
Sinto que não pertenço a esse mundo, sou um bicho estranho, vivendo na minha realidade paralela, porque a realidade em si não faz sentido nenhum.
Quanto mais você sabe, mais você sofre.
As pessoas me chamam de louca porque falo com as árvores, acredito na telepatia, gosto muito de estar sozinha, posso passar anos sem ter sexo ou ter alguma relação, *date*, ou qualquer coisa do tipo
Eu rezo pelos oceanos, pela Terra, família, amigos.
Eu gosto de ouvir meus pensamentos.
Eu acredito na magia.
Os protetores solares correntes são uma merda, opte pelos naturais como os de zinco. O sol é seu melhor amigo.
Eu agradeço ao oceano, aos rios, à natureza.
Questionar tudo é o que me define.
Para alguns sou uma teorista da conspiração.
Eu choro quando componho música.
Choro quando ouço uma história comovente.
A luz artificial azul etiquetada como "luz de dia" ou *"daylight"*, é uma mentira, não causa somente depressão, como está cientificamente comprovado que ferra o nosso sistema circadiano.

Minha mãe pensa que estou lelé da cabeça, e meu pai pensa que sou financeiramente irresponsável (não posso culpá-los).
Nesse primeiro livro:
"HISTÓRIA DA MINHA VIDA:

UMA PIADA DO UNIVERSO PARTE I"
Explico como fui moldada por mudanças abruptas, ameaças a mão armada, sequestro, e a sobrevivência em diferentes países.
Os acidentes mudaram quem eu sou para sempre.
(O último aconteceu em 2021).

Compartilho a ansiedade que sofri desde pequena, com desequilíbrios hormonais arruinando minha paz de espírito e minha estabilidade, enquanto sofri *bullying* no colegial, e como consegui superar esses problemas me concentrando e me destacando nos esportes.

Meu primeiro e mais impactante relacionamento amoroso que já tive deixou uma marca em meu coração, e conto como a morte dele me fez questionar tudo.

Como tento confiar nas pessoas e na vida para poder seguir em frente.

TESTADA COMO 4x4 VEÍCULOS TODOTERRENO

O sucesso é construído com fracassos.
Os carros são construídos com acidentes.
Os *"test-drives"* são feitos para destruir um veículo, para ver onde ele está frágil, e precisa ser melhorado.

ISSO É A VIDA COM A GENTE.

Infelizmente, é assim que a vida funciona. Temos que desenvolver estruturas inquebráveis enquanto construímos o nosso motor interno para sobreviver e prosperar.
E agreguemos aquela passagem moderna:
"O que não te mata, dá-te vários mecanismos doentios de sobrevivência e um sentido de humor negro."
Você se identifica?
Ah sim, mas você está mais forte do que antes.
É o progresso que adquirimos.
Augusto Cury é um dos meus escritores/psicólogos e filósofos favoritos do meu país, Brasil.
Aprendi muito com ele. Em seu livro "O Código da Inteligência" ele abriu minha mente para muitas emoções/problemas mentais e a origem de ambos em minha vida.
Cury disse que "a vida é um contrato de risco", e você assinou desde o dia em que nasceu.
E se falarmos de metafísica, física quântica, campos, frequências eletromagnéticas, tudo faz sentido.
Você está sempre alinhado com sua vibração.
Significado: Se você tem medo, é isso que você atrairá.
Se você estiver vibrando em abundância, é isso que você terá.
Além disso, é difícil dizer a diferença.

O que é bom ou não para você.
É como estar em um relacionamento tóxico e não ver os sinais de alerta, os *red flags*, as bandeiras vermelhas.
Às vezes, levamos décadas para nos superar.
Acordar da nossa nuvem de sonhos é difícil.
Além disso, devemos soltar, deixar ir.
É melhor quando o fazemos.
Na linguagem popular "Tudo fica bem quando você está pouco se fudendo".
A vida sussurrou em meu ouvido "Solte, deixe ir" ...
A vida me ensinou a lidar bem com perdas.
"Abandonando amigos, amor, casas, países... aprendendo a abrir mão de tudo, só assim serei livre."
Um dos princípios básicos do Zen Budismo é adquirir *Mindfulness* ou consciência completa, um estado de contemplação, e também o estado do *Nothingness* ou "nada", te ajuda a curar, aprender e servir...sem APEGO a nada.
Porém, é difícil deixar ir, não acha?
Ainda assim, estamos programados para sermos destruídos e reconstruídos novamente.
Quando me deparei com momentos terríveis, aprendi a abandonar até mesmo a minha própria existência.
Você pode acreditar?
Ter uma arma engatilhada no crânio.
Sabendo que sua vida pode terminar em um segundo e deixá-la ir com facilidade?
Você não tem escolha a não ser abrir mão do controle...
A vida é frágil, mas o espírito é eterno.
Vamos nos apegar a esse pensamento, pelo menos.
A vida tem que ser extrema, para que entendamos o quão etéreos somos.

Ainda não estou nem na metade do caminho que quisera estar, mas aprendi a fazer caipirinhas com os limões que a vida me deu.
Os desafios me fizeram entender que não sou nada e preciso ser humilde.
Não estou aqui para mim mesma, estou aqui para servir aos outros.
Servir com o coração e aprender o máximo possível são os principais objetivos da minha existência.
Deixar uma semente de amor no coração das pessoas, com a minha energia, comédia, as músicas, os filmes, é isso que nutre minha alma.

"SERVING WITH HEART, HEALING WITH ART",
SERVINDO COM CORAÇÃO, CURANDO COM ARTE.
Esse é o meu lema.
Eu sou uma pessoa espiritual. Eu creio em Deus.
Nosso mundo é dominado por pessoas muito poderosas, que NÃO têm Deus em seus corações.
Não podemos deixar a escuridão vencer.
Os neobabilônicos.
A luz deve prevalecer. Acredito que a famosa terapeuta de hipnose Dolores Cannon disse que é verdade, estamos entrando nos 1000 anos de paz.
Nós somos a maioria.
O único que temos que fazer é levantarmos.
Baseado na minha própria luta, na história de sobrevivência da minha mãe, nas experiências, tudo me inspirou a ser forte.
Tudo o que matou meus sonhos criou uma fortaleza em mim.
Quando você é criança, você está cheio de sonhos, esperanças, imaginação, sua glândula pineal está

absolutamente aberta para manifestar qualquer sonho ou fantasia, tudo parece possível.
Você pode perceber como as crianças são portais abertos para o além e você as pega vendo e conversando com outras entidades.
Elas conseguem o que desejam porque suas mentes estão constantemente no estado Alfa ou Teta.
Falarei sobre isso mais tarde.
A vida é irônica do começo ao fim, é uma representação das leis de Murphy.
Encorajo você a colocar o filtro de "comédia" nos seus momentos negativos, para poder superá-los e ver a taça de champanhe sempre meio cheia, vamos lá!
"Bubbles take you out of troubles!"
Bolhas tiram você de problemas! (ou te põem neles).
É tudo perspectiva, faça o *zoom-out*!
Tente se afastar do que está passando e olhe a vida sem acrescentar emoções. Seja um observador.
O que é que te irrita? Porque? Quem?
Essa pessoa está estrategicamente colocada na sua vida, com um propósito significativo, acredite ou não.
Se a lição se repete, como um ex, é porque você ainda não aprendeu.
Veja o que desencadeia tudo, para que você possa controlar melhor.
Seja o motorista, não o passageiro.
Por exemplo, por que o palhaço mais engraçado, mais amigável e *Happy-go-lucky* (expressão em inglês que significa que quem é feliz, traz sorte, ou o risonho ou otimista) é sempre o mais depressivo de todos?
Veja quantas pessoas cometem suicídio, e elas eram as mais engraçadas.

É sempre a última pessoa em quem você pensou, que te ajudou no momento que você tanto precisou.
Ou a pessoa que você considerava seu *"bestie"*, sua melhor amiga ou melhor amigo acabou se revelando seu pior inimigo.
Em geral, é sempre quem está mais próximo de nós quem nos machuca.

Como diz o ditado em inglês:
"YOUR BIGGEST ENEMY IS A CLOSE PERSON AND YOUR BEST SUPPORTER IS A STRANGER".
"SEU PIOR INIMIGO É UMA PESSOA PRÓXIMA E QUEM MAIS TE AJUDARÁ É UM DESCONHECIDO."

Recentemente assisti a um vídeo onde Lewis Howes entrevistou Joe Dispenza, e os dois falaram sobre técnicas de manifestação e como sustentar a emoção da abundância enquanto enfrentamos a adversidade, estresse ou escassez.
Joe disse que tanto o pensamento quanto a emoção são igualmente importantes para manifestar o que queremos.
Precisamos VISUALIZAR o que queremos.
Essa é a MENTE.
Mas também precisamos SENTIR que já o temos.
Esse é o CORAÇÃO.
Precisamos unificar mente-coração.
Precisamos **SEMPRE SENTIRMOS ABUNDANTES** para manifestá-lo.
Especialmente quando enfrentamos o caos, a desesperança, os problemas financeiros ou todas as opções acima.
Esse é o truque de mágica.
Nossas mentes podem reprogramar nosso DNA de acordo com nossos pensamentos e hábitos.

Procure o vídeo. Está no YouTube e se chama: *"How to REPROGRAM Your Subconscious Mind to MANIFEST Your Dream Future! | Joe Dispenza"*
(Como reprogramar seu subconsciente para manifestar o futuro que você sonhou – JOE DISPENZA).

O hiperlink está aqui:
https://www.youtube.com/watch?v=c7nxcCSjjRM&t=1348s

Joe afirmou que a mente gera impulsos elétricos e o coração gera magnetismo.

MENTE → IMPULSOS ELÉTRICOS
CORAÇÃO→ FORÇA MAGNÉTICA

É isso que faltava quando a gente usava a LEI DA ATRAÇÃO, esquecemos da LEI DA VIBRAÇÃO, não importa quantas vezes repitamos que somos saudáveis ou abundantes, se nossos corações não sentirem a prosperidade, não chegaremos lá.
Por quê?
Porque precisamos VIBRAR na frequência da abundância.
NÃO APENAS VISUALIZAR.
Depois de muitos anos tentando superar meus infortúnios e misérias, descobri essas ótimas ferramentas para viver e planejar uma vida melhor, sou apaixonada por tecnologia e acesso a muitas informações úteis.
Somos os criadores da nossa realidade? Mas até que ponto? Como posso dizer a um amigo querido, que acabou de perder sua linda filha de apenas 15 anos, que passou 6 meses na UTI e morreu com uma dor impressionante...
Como foi isso então projetado?

Alguns gurus espirituais dizem que as crianças que deixam este muito cedo é porque atingiram o seu propósito.
Como é possível explicar isso?
Somos realmente responsáveis por tudo o que acontece em nossas vidas?
Como é possível que os ditadores simplesmente executem pessoas porque não seguimos as suas ordens bizarras?
Injustiça? Ninguém quer isso.
Se somos os criadores, então o que está acontecendo na vida?
'RIDE THE WAVE!'
SURFE NA ONDA!
Sim, em Miami você pode surfar em jacaré, ou em jet ski, ou no próprio trânsito.
Deseje isso, mas não resista, anseie por isso... e depois deixe passar, são tantas lições...
"Mande a onda pro universo, mas não force" ... Outros dirão "Corra atrás do que quer todos os dias, até chegar lá".
E também dizem "O que você resiste, persiste" ...
Então não resista ao seu chefe com cara de buldogue e atitude de merda, não resista aos *haters* das redes sociais, deixe as coisas desagradáveis venham com facilidade...
Mais também tem "A persistência remove resistência!"
Eu gosto dessa.
Olhe a demonstração no Japão da água e da erosão que ela causa nas rochas. O vídeo em inglês se chama *"Erosion Differences Between 15, 25 & 50 years"*, da UNILAD Tech.
Os resultados da erosão conforme anos são mostrados.
Foi demonstrado que a persistência elimina definitivamente qualquer resistência no experimento.
Mas quantos anos temos que persistir?
Independentemente de onde venham as nossas decisões e as leis universais começam, devemos tentar programar as nossas

mentes da melhor forma que possamos viver, apesar dos constantes testes da vida.

Dain Heer, autor de best-sellers, palestrante e facilitador de Consciência e Mudança, uniu forças com o criador do *Access Consciousness*, Gary Douglas, também autor de best-sellers, palestrante e *businessman*, e juntos eles fazem mudanças nas pessoas em seus maravilhosos workshops.

Um bom exemplo de remoção de resistência com Gary Douglas foi que uma menina adorava cantar, mas ela não conseguia aproveitar todo o seu potencial, sua voz era fraca, e Gary fez um milagre, e em frente de todo o público, conduzindo-a, e ela pôde se expandir, removendo todos os julgamentos, separações e limitações, e ela gradualmente começou a melhorar seu potencial vocal.

Sua 'nova voz' era forte, projetada e afinada. Foi incrível.

Você pode pesquisar o vídeo, chamado "Gary Douglas muda a voz de menina em 5 minutos".

Permitindo que todas as coisas aconteçam com facilidade...

Eles falaram sobre como você deve deixar tudo entrar em sua vida com facilidade.

O livro "Sendo você, mudando o mundo" (em inglês *"Being You, Changing the World)* me ajudou a entender muito sobre meus próprios contratempos e me ajudou a reprogramar minha mente para ser quem eu quisesse ser.

(Continuo sendo um *work in progress*, um trabalho em andamento, até morrer).

Descobri eles em 2018 graças à minha prima Elise, ela é muito espiritual e forte como minha mãe...

Mencionei o Dr. Dain Heer porque repito constantemente suas frases "Tudo vem a mim com facilidade, alegria e glória" (você pode repetir até 100 vezes por dia, ou quantas vezes quiser)

essas palavras funcionam em um nível mais profundo, mudando nossa vibração, e o dia melhora.
As coisas fluem de maneira diferente.
É ensinado com suas técnicas sobre 'não resistir' a experiências negativas ou indesejadas, é preciso deixá-las vir, mas trabalhando nelas de um ângulo diferente.
"Magic. You are it. Be it" (Magia. Você é isso, seja isso) outro livro elucidado, deve ler!
Ser positivo não é suficiente. Também não adianta dizer sempre, "Mas que merda é essa?"
Precisamos reprogramar nossas mentes.
Conecte-se, vibre, atraia.
AÇÃO EM VEZ DE DESCULPAS.
Você já sentiu como se as portas continuassem batendo na sua cara?
Principalmente depois da pandemia, enquanto tudo mudava, em vários campos, pessoas perdendo os seus negócios, os seus entes queridos, as suas finanças... suas mentes estavam sendo programadas com medo.
Precisamos de criatividade extra, porém, às vezes é um pouco difícil.
Se você tem alguma "emergência" (uma meta que deseja bater rapidamente), um sonho no coração, por que é tão difícil alcançá-la?
Você o sente?
É difícil ou fácil para você atingir seus objetivos?

Envie-me um e-mail contando sua experiência

graziella@grazimusic.com

Me siga nas redes sociais para que possamos compartilhar histórias e postagens:

Instagram: @grazicall
Facebook: Graziella Callado

Também estou interessada na sua jornada.

Tire uma foto de uma página que você goste, compartilhe nos seus *stories* e com certeza compartilharei também.

E que tal a frase "Focar no que você quer" e ainda não conseguiu?

Você está vibrando na mesma frequência de vida que tanto deseja?

Por que a maioria das pessoas vive na escassez?

Quem está por trás das cortinas?

Nossos monstros, medos e limitações?

Quem está dirigindo o filme de nossas vidas?

Nós ou Tarantino?

MAIOR O COQUEIRO, MAIS ALTO O TOMBO DO CÔCO

"QUANTO MAIS ALTO O COQUEIRO, MAIOR É O TOMBO DO COCO"

Amo a frase dessa música chamada "A Banca do Distinto" de Billy Blanco.
Quando eu tinha 5 anos comecei a tocar piano.
Logo após assistir a um filme de animação, fui até o piano, subi no banquinho e comecei a tocar a mesma música, de ouvido.
Minha mãe, surpresa no momento, achou que seria uma boa ideia me colocar em aulas de piano.
Acho que não.
Descobri que adorava música, mas tinha problemas para ler partituras.
Sério mano? Lendo as duas mãos ao mesmo tempo? É difícil! E também cantar?
Para mim é ou tocar e cantar, sem ler, ou ler e ter um *breakdown*, um surto mental (me desligando totalmente do meu lado criativo).
Fiquei cerca de um ano com a professora, ela era adorável, era americana e me ensinou com cartões de cores diferentes.
A composição, para mim, começou mais tarde, aos 17 anos.
Foi então que comecei a juntar a música a poesia, porque sempre gostei de escrever ensaios, poemas, contos.
Foi outro desafio, mas esse canal se abriu para mim.
Comecei a compor e adorei.
Uma coisa é escrever as letras (*songwriting*), outra é escrever as melodias (*composing*), outra é tocar piano (intérprete, pianista), e outra coisa é cantar enquanto faz tudo isso (*performing artist*).

Nunca quis "ler" durante uma apresentação.
Acho que isso se aplica a diversas áreas da minha vida.
"partituras" ou "regras" realmente me desanimaram, e a minha criatividade também, pois eu também queria criar em vez de repetir o que outros autores já haviam composto, mas o "por quê" só descobri mais tarde.
Tenho uma inclinação natural para o Jazz.
É meu gênero musical favorito e é o que toco na maioria dos shows e até em casa. Jazz tem uma alma livre.
Jazz faz o que quer, quando quer, sem se importar muito com o que as pessoas pensam dele.
Jazz é a resposta às minhas perguntas.
É o sopro de ar fresco em meio ao caos.
Jazz é a chuva que acalma o calor.
É a fogueira que me aquece quando estou congelada e perdida.
Os artistas que mais me inspiraram são Ahmad Jamal (bastante), Miles Davis (na verdade, Miles se inspirou nas obras musicais de Ahmad Jamal), Bill Evans, Billie Holiday, John Coltrane, Nat King Cole, Cannonball Adderley, Charlie Parker, Louis Armstrong, Duke Ellington, George Gershwin, por mencionar alguns.
E o engraçado é que como brasileira não toco muita Bossa Nova, considerada como o "Jazz" brasileiro, mas é o que mais me pedem quando toco.
Bom, mas também cresci em países diferentes, por isso tive várias influências internacionais.
A música brasileira tem um lugar especial no meu coração, é rica demais, incrível a infinidade de gêneros musicais que temos.
Sempre adorei Milton Nascimento, a poesia de Vinícius de Moraes (que escreveu muitas letras e melodias posteriormente

cantadas por Tom Jobim), João Bosco, Lenini, Gonzaguinha, Ricardo Teixeira, Djavan, Fagner, e a lista continua...
De qualquer forma, sempre me conectei com artistas dos Estados Unidos da América e da Europa, principalmente franceses e italianos.
Enquanto crescia, eu sempre trocava CDs no aparelho de som dos meus pais, e foi aí que me apaixonei pelo Country Americano...
Minha mãe tinha uma baita coleção.
Eu adorava Willie Nelson, Kenny Rogers, Shania Twain, Garth Brooks, Alan Jackson, Kris Kristofferson, Tim McGraw, Faith Hill...
Do lado francês, fui influenciada por artistas como Charles Aznavour, Edith Piaf, Gilbert Bécaud, Juliette Gréco, Georges Brassens, Françoise Hardy, entre outros, tanto como estilo musical como forma de cantar.
Do lado italiano, fui influenciada por Enrico Caruso, Giuseppe Verdi, Ennio Morricone e Giacomo Puccini (que na verdade nasceu e cresceu em Lucca, mesma cidade do meu bisavô, e foram contemporâneos).
Quando morei na Itália, tiramos um dia para procurar a certidão de nascimento do meu bisavô.
Contratámos um taxista durante todo o dia, e depois de horas, muitos euros gastos, e cerca de vinte municípios verificando as certidões, finalmente a gente encontrou!
Ficamos muito emocionados com aquele momento.
Vimos "Marte Del Carlo", de fato encontramos a certidão!
Foi um momento profundo e histórico para gente.
Acabou sendo que a família Del Carlo tinha um império de laticínios, diversos mercados e lojas com o nome da família.
Puccini (autor contemporâneo do bisa), depois de Verdi, foi o compositor mais importante da Itália do século XIX.

"*Scrivo come vivo*" é uma das óperas de Puccini, "Escrevo como vivo".
Meu gosto musical é amplo, exatamente como os gêneros que componho.
Muitas das composições que criei tendem a vibrar na mesma frequência da era romântica (Romantismo).
Eric Satie, Claude Debussy, Maurice Ravel e meu favorito... Fréderic Chopin.
Embora eu não gostasse de tocar música clássica quando criança, sempre fui vidrada por música clássica e pós-clássica.
Eu ouvia por horas!
Eu tinha três anos, sentava no colo da minha mãe e ouvia Mozart, Vivaldi, Brahms, Bach, Strauss, Liszt, Schubert, Beethoven, Mahler, Tchaikovsky, Khachaturian, Rachmaninoff e muitos mais.
Minha mãe foi influenciada pelo seu pai, que adorava música, e sempre voltava para casa com alguns LPs, em geral estilo valsa, o *Walz*, e foi um pilar importante na educação musical da minha família (apesar de ser uma pessoa colérica na maioria do tempo).
O artista favorito da minha mãe é Khachaturian (nascido no Império Russo, na União Soviética, onde hoje fica a Armênia) com sua obra musical *"Masquerade Suite"*.
As composições da minha mãe realmente parecem com várias obras de Khachaturian.
Ela interpreta com uma intensidade russa, com algumas notas ciganas e um ar de tango.
Minha afinidade com a música era clara:
A primeira vez que cantei foi no trocador, saiu da minha boca a música o "Danúbio Azul", *"Blue Danube"* de Johann Strauss II.
Minha mãe sempre me conta a história da primeira vez que cantei. Cantei antes de falar.

Porém, para mim a música tinha que ser livre, não como uma matéria escolar, enfiada goela abaixo.
Achei que a música era algo que tinha que vir de dentro pra fora, e não ao contrário.
Tocar piano era um sonho e um pesadelo, porque eu sabia que não estava estudando em conservatório ou universidade de música, além de não saber ler partituras, então ter que estudar piano foi um problema.
Eu me senti tola e incapaz.
Desde pequena eu fui selvagem e minha mente estava sempre no mundo da lua (acho que não mudei muito até hoje) mas só pioraria depois, quando aos 12 anos, tive minha primeira menstruação, e tudo foi à merda.
Mas minha mãe viu em mim um talento que precisava ser explorado.
Durante a minha infância e puberdade eu não durei muito com os professores de música, tive 2 ou 3.
Quanto mais jovem eu era, mais flexível eu era.
Mas também queria experimentar de tudo, todos os instrumentos e esportes.
Consistência e paciência nunca foram meu ponto forte.
Aí, acho que tinha uns 9 anos, quando minha mãe me colocou em outra aula de piano com uma professora reservada, simpática e educada.

Ela era alta, tinha cabelos castanhos com franja, olhos castanhos claros, eu a via com muita autoridade (ou talvez fosse porque não queria estar ali) e ela foi muito paciente (até quando não deu mais).

Sua casa cheirava a madeira e seu piano era muito bonito.

Talvez tenham sido 6 meses que durei... me senti na obrigação.

Queria fazer piadas, tocar o que quisesse e de ouvido.

Sua fonte de paciência secou.

A última vez que fui à casa dela, depois da aula, ela sentou-se com minha mãe e disse "você está perdendo seu tempo e seu dinheiro". Eu não estava estudando.

E eu não queria estudar.

Claro que minha mãe então me deu o sermão do século, me disse que, se eu quisesse chegar em algum lugar na música, teria que estudar...

Será o único jeito?

A PULGA ESPORTIVA

"Se joga primeiro na piscina, depois aprenda a nadar".

Meu entusiasmo e falta de disciplina se reverteram positivamente nos esportes, onde consegui converger minha energia louca, livremente.
Sempre fui *petite*, mas uma menina rápida, que marcava gols mais rápido que qualquer uma no time.
O handball sempre foi meu favorito, depois a natação, depois o futebol e depois o vôlei.
Eu tinha 2 anos quando mergulhei na piscina do meu avô.
Minhas tias estavam com medo, mas mamãe estava lá para me encorajar e incentivar, como sempre, e me deixar fazer o que eu quisesse (na maior parte do tempo) enquanto ela ficava de olho em mim.
Aquele momento foi mais um sinal claro de que eu seria boa nos esportes, principalmente na natação.
As piscinas sempre foram irresistíveis para mim.
O treinamento sério começou quando eu tinha 6 anos.
Pulava naquela água fria, com cheiro de cloro, uma piscina olímpica gigante.
Minhas primeiras aulas foram de velocidade, direção, hidrodinâmica, força, sobrevivência, alongamento e treinamento olímpico.

SETE ANOS GLORIOSOS.

Por 3 anos consecutivos fui campeã nas categorias 50 metros borboleta, 50 *free style* e 200 metros medley.

Aos 9 anos as competições estaduais começaram, e até comecei a competir em categorias maiores que a minha idade, e depois trouxe para casa algumas medalhas e troféus.

Simultaneamente, comecei a jogar handball, vôlei e depois atletismo.

É porque tenho que experimentar tudo.

HORMÔNIOS E MUDANÇAS

"Éramos pocos y parió la abuela"

(Éramos poucos e a vó pariu)

É um ditado popular entre os latinos que significa que, se estivermos enfrentando o caos, a vida sempre vai jogar outra coisa mais em cima, a cereja do bolo.

A última gota.

Sempre fui uma boa aluna, apesar da minha falta de atenção (estava sempre desenhando ou escrevendo algo no caderno, sempre com a necessidade de criar).

Meus hormônios tiveram um papel protagonista em toda a minha vida, e até eu aceitar minha NEGAÇÃO (nunca aceitei que tinha que enfrentar essa merda infernal a cada 28 dias) isso me levou a entender que quanto mais eu negava, pior era, e mais dor eu sentia.

Minha primeira menstruação foi constrangedora, e claro que todo mundo descobriu, minha família, amigos, escola, e todo mundo sabia que eu estava menstruada porque viam como me carregavam até a ambulância lá fora que me esperava por causa das dores da porra, já que eu sempre morri de cólica.

Eu estava *hyper*, distraída, emocionada... não sabia como reagir, nem como esconder o Modess, nem como lidar com as cólicas infernais.

Tudo começou a mudar no meu cérebro e no meu corpo.

Minhas notas, minha atenção, minha personalidade.

Assim como minhas tetas cresceram, também os problemas.

Comecei a ficar viciada em açúcar, era uma lata de leite condensado quase todos os dias, sorvete também quase todo dia, e comecei a me apaixonar por caras impossíveis (bom até hoje), então lá estava eu... gorda, com aparelho nos dentes, constrangida pra caralho e platonicamente apaixonada.

Como já disse várias vezes, chamavam a ambulância para me pegar, ou levavam-me ao médico de emergência na escola ou fora, de emergência, para me injetarem anestésicos intramusculares e anti-histamínicos para que eu pudesse respirar, voltar para casa e sobreviver.

Eu ficava pálida e até vomitava por causa das cólicas menstruais.

Lembro que treinava vôlei à tarde e me estava tão "recheada", porque comia por ansiedade (bom, isso é até hoje).

Não conseguia dar o meu melhor nos treinos.

Ansiedade e hormônios são melhores amigos.

Na verdade, até hoje tenho cólicas, e bem, neste exato momento estou tendo-as enquanto escrevo essas palavras, porém, elas não são tão fortes quanto antes.

E bom, no próximo livro tem um capítulo completo sobre TPM (Tensão Pré-Menstrual) chamado: "Será que a TPM é realmente mi personalidade?"

Fique ligado!

Além disso, as mulheres vivenciam uma coisa chamada "Gravidez Psicológica" e isso, meus amigos, é real, não importa que às vezes o corpo biologicamente peça isso, e se você é mulher, vai sentir esses sintomas... Náuseas, inchaço, tetas infladas e doloridas, alterações de humor *(mood swings)*, e isso acontece com tanta frequência que se torna nossa personalidade. Como controlar isso?

Como controlar algo que está mudando você constantemente?

"MIND OVER MATTER", MENTE SOBRE A MATÉRIA, né mano?

Minha confusão emocional se expandiu. Meu pai recebeu uma carta da empresa oferecendo um novo cargo no México, D.F.

Então nos mudamos. Não é tão fácil quanto parece.

Foi a experiência mais difícil, no auge dos meus problemas hormonais – vício em açúcar e a batalha.

Também preparar tudo, limpando, organizando tudo, poder colocar a vida inteira dentro de caixas de papelão e mudar.

Às vezes é difícil colocar toda a sua história em caixas.

Mas uma vez que você o faz, você vai pegar o jeito da coisa, e será mais fácil se tornar nômade, e provavelmente também vai começar a se acostumar.

Mudar de país em país me ensinou a deixar ir tudo...

Eu não falava espanhol nem inglês (tinha na escola, mas era muito básico).

Aproximadamente ano e meio antes de mudar para o México, procurei um professor de inglês especializado em neurolinguística.

Foi uma aula superdivertida!

Ele era muito engraçado, eram aulas particulares.

Britânico, e às vezes jogava golfe no meio da aula, e isso tornava a experiência bastante dinâmica.

Segundo esse método, a neurolinguística é uma forma prática de aprender uma língua, por meio da repetição e da fonética, assim como bebês e crianças aprendem com os pais.

A gramática vem depois, para que os alunos não fiquem confusos sobre a aparência e os sons das palavras.

Você presta atenção aos sons e depois os repete.

Então você combina os sons com as palavras. Adorei esse método, ele usava cartões de memória, *flash cards*, se vestia com elegância, tinha um cabelo doido e um perfume super gostoso.

Borba era seu sobrenome, e ele me contou que em vinte e cinco anos de docência nunca tinha visto uma pessoa com um aparelho neurolinguístico tão perfeito, e também disse isso para minha mãe.

E então ele me explicou que, por isso, tenho a capacidade de aprender outras línguas, e posso imitar sons de animais, outros artistas cantando e assim por diante.

Logo mais aterramos em uma cidade e um país onde nunca estive. O "ar rarefeito" *(thin air)* com pouco oxigênio, poluição, altitude.

Bem-vindos ao choque linguístico e cultural!

Minha experiência no ensino médio foi muito difícil, com *bullying*, ensino bilíngue intenso, provas e adaptação a um novo mundo.

Era uma escola americana-hispânica.

VAMOS EXPERIMENTAR TODOS OS SABORES

"Os esportes são fascinantes, mas você tem que escolher um"

Como mencionei anteriormente no capítulo "A PULGA ESPORTIVA", queria muito experimentar todos.
Como os sabores de sorvete.
A era da natação já tinha acabado. Eu queria algo seco.
Usei o *bullying* e a frustração para me concentrar no esporte.
E por três anos consecutivos, morando na Cidade do México, fui campeã de atletismo em diversas categorias do time feminino.
Salto em distância, salto em altura, 100 metros rasos, 400 metros rasos (odeio obstáculos, a vida já está cheia deles, por que escolheria um esporte com eles?)
Além disso, treinei vôlei e futebol à tarde.
Ademais, queria experimentar um dos esportes mais bonitos na minha opinião, a ginástica olímpica, que fiz apenas seis meses, mas você precisa começar aos três anos e não aos treze, e também é um esporte que exige demais.
O segundo esporte mais bonito do mundo é a patinação artística no gelo, que consegui treinar por cerca de um ano e meio, mas não espere os extravagantes saltos *triple axles*!
Aquela sensação de liberdade, uma pista de patinação inteira para você e a instrutora, cheiro de gelo e sonhos ali naquele lugar.
Tantas quedas para alcançar momentos graciosos (assim como é a vida).

Complexo, mas muito bonito, como um *Concerto* para piano de Rachmaninoff.

Até hoje tenho sonhos recorrentes que estou patinando no gelo, e quase não peso nada, e consigo fazer com elegância todas as coreografias, sequências, giros, *axles*, é sempre gostoso e refrescante.

Porém, assim como na ginástica olímpica, é preciso começar bem cedo para realmente atingir a perfeição.

Não há gelo! Não há problema!

Continuei fazendo meus treinos de futebol, vôlei e atletismo.

Jamais esquecerei, consegui completar 400 metros (volta olímpica) em 42 segundos.

Foi um dia maravilhoso.

Minhas pernas estavam queimando e quase morri.

Uma vez, naquele mesmo campo de treinamento, jogando futebol, por um momento parei, não sei bem por que, e de repente um pombo resolveu soltar um "presente" na minha cara, e claro, todos começaram a rir, o jogo teve que parar e eu tive que ir ao banheiro me lavar, enquanto todos continuavam rindo.

O futebol é para mim, até hoje, um dos meus esportes favoritos.

E veja.

Morar na Cidade do México nos inspirou a explorar mais o país e sair um pouco da cidade, e também experimentar outros esportes como caiaque, caminhadas em montanhas, *hiking*, e cavernas, conhecendo as pirâmides e locais históricos.

É tão rico e bonito de costa a costa.

Cultura, comida, paisagens, tradição, sua história.

Lembro como era estridente o som dos alarmes de terremoto, e os simulacros de treinos para preparar a gente.

Uma vez no campo jogando, toda a escola teve que parar e todos foram evacuados para o campo de futebol. Fomos instruídos a sentar em determinada posição, e também a evacuar os prédios mais altos, e sempre manter a calma.

Na frente da nossa casa no México tinha uma praça com uma torre de energia elétrica enorme, facilmente uns 30 metros de altura, e um dos terremotos, eu estava voltando para casa, e quando cheguei a torre estava dançando...

Aterrorizante e perigoso. Não deveria ser permitido em uma área residencial como essa.

As roupas do armário, as mesas, os pratos, as árvores, as piscinas, tudo balançava.

Os edifícios altos no México são construídos com uma espécie de amortecedores debaixo do solo, para não sofrerem choques fortes, mas o problema é que depois do terremoto, os edifícios ainda continuam dançando graças ao seu "sistema de molas". Muito sinistro.

No distrito federal ocorrem em média de 5 a 6 terremotos por dia, alguns deles são menores e quase imperceptíveis, mas os graves são assustadores.

A costa do Pacífico tem águas mais frias e margens mais longas, e o Atlântico é mais quente, com suas maravilhas naturais, pirâmides, a rota sagrada maia, rotas, os *cenotes*, que são aqueles lindos buracos com nascentes de águas cristalinas que brotam de baixo da Terra, tem muita magia.

Então tentávamos fugir da poluição e do estresse da cidade e ir para uma cidade costeira ou praia, a cada duas semanas ou sempre que possível. Foi maravilhoso.

Muitas horas dirigindo, montanhas, trânsito estressante, mas valeu a pena.

Pratiquei *bodyboard* quase todos os fins de semana, nas nossas escapadelas.
As ondas mais altas que vi foram em Puerto Escondido e também em Pie de la Cuesta (perto de Acapulco).
Também fomos acampar em Veracruz.
Ondas grandes também, nos divertimos muito.
Tenho sorte de ter pais aventureiros.
Uma equipe incrível!
O pai perguntava à mãe: "Você quer ir para Chichen Itza no próximo fim de semana?" A resposta da mãe era sempre: "*Let's go!*"
Eles estavam sempre prontos para novas aventuras.
Tentei surfar no Brasil, já morando no México, em uma das viagens pra visitar, mas não consegui...
A prancha quase quebrou, e eu também.
Quanta água do mar você consegue engolir?
Aposto que consigo engolir mais!
Então, experimentei todos os sabores de sorvete...exceto futebol americano, rugby, ou alguns exóticos como no Oriente como corrida de camelo, ou outras coisas que não conheço.
Acho que experimentar um pouco de todos os esportes é como minha música. Tento todos os gêneros para ter um paladar internacional. Porque não?
Componho desde jazz até EDM e *house music.*
Do pós-clássico às trilhas sonoras de filmes.
Soul, funk, hip hop, country, folk e blues.
Portanto, era divertido experimentar esportes de qualquer maneira.
Mas minha curiosidade pelos esportes acrobáticos nunca acaba. Ainda quero experimentar coisas novas.

Asa delta, paraquedismo, *paragliding*, e vôo de aviões acrobáticos.

Que esportes você já praticou? O que você gostaria de experimentar?

O que você espera?

Qual é seu esporte favorito? Me conte!

graziella@grazimusic.com

Me marca na sua história no IG @grazicall e eu compartilharei!

EXISTÊNCIA NÃO ACONTECE POR ACIDENTE

Friedrich Nietzsche já dizia *"O que não te mata, te fortalece"*.

Segundo o dicionário Michaelis da língua portuguesa:
"Acontecimento infausto que envolve dano, estrago, sofrimento ou morte, desastre ou desgraça."
Mas um "acidental" na música é divertido, é uma nota que não faz parte da escala harmônica, como um "sustenido", "bemol" ou "natural" entre outras que são chamadas de acidentais, muito presentes no jazz e no *blues*.
As "*blue notes*" lhe parecem familiares?
Compus algumas músicas graças a um acidente, uma nota que pulou, de um erro meu... Adoro essas "coincidências".
Os acidentes levaram as pessoas a inúmeras descobertas fantásticas.
As pessoas dizem "nada acontece por acaso, tudo acontece por um motivo", não existem coincidências.
Mas e se um acidente não acontece por acidente e você morre?
Então não seria um "acidente", foi programado para ser assim.
Ou o que acontece se você não morrer?
Como poderíamos chamá-lo? Um *Wake-up call*?
Chamadas de despertar ou chamadas de alerta?
Será que a gente atraiu isso?
Vamos em ordem cronológica.
A linha do tempo dos meus acidentes:

O primeiro que aconteceu eu tinha sete anos.

Minha mãe e eu estávamos visitando amigos em uma cidade do nordeste do Brasil, Sergipe, e estávamos em um *buggy*, um daqueles carrinhos de praia.

Precisávamos voltar para o hotel e a balsa já estava fechada, então tivemos que dar a volta completa na península do outro lado, mas demorou uma eternidade.

E já no caminho quase não tinha luz.

O cara que dirigia o *buggy* não viu um burro com uma carroça cheia de cocos no meio da estrada, e o sol brilhava nos nossos olhos, era uma luz do pôr do sol meio nevoada.

Tudo aconteceu como um flash.

Eu estava vestindo uma camiseta de coala que minha mãe me trouxe da Austrália, e eu estava com um roupão de praia por cima, e por algum motivo minha mãe estava me segurando o roupão pelo peito, parece que sabia algo...

Ela sentiu o que estava prestes a acontecer.

Senti o vento no meu rosto bronzeado, entrando nos meus cabelos desgrenhados, o vento me carregava, como se estivesse em câmera lenta.

Por um segundo perguntei:

"Mãe, por que você está pegando meu roupão?"

O outro, com o rosto já no chão, sangrando, as mãos enterradas na areia das laterais do asfalto, eu estava completamente no *black-out*, chorando inconscientemente.

O carro havia capotado três vezes.

Minha mãe estava me procurando, mas eu não estava por perto.

Caí perto de uns 60 metros do incidente.

Lembro-me do cheiro e do gosto de sangue, do asfalto e da velocidade dos carros que passavam na estrada.
Eu estava *out*!
Tive sorte de cair do carro antes que ele capotasse.
O motorista não conseguia se mover, sua mão foi perfurada pela alavanca de câmbio.
Minha mãe ainda não conseguia me encontrar perto do carro.
Estava escurecendo rapidamente, a neblina começou a intensificar, ninguém tinha celular, e os carros passavam voando.
Quando olhei para cima, ainda chorando, vi minha mãe de longe gritando meu nome *"Graziella! Graziela!"*
Foi como um renascer. Uma luz veio até mim.
Eu estava completamente perdida.
Ela estava andando e sangrando. Seu fêmur estava machucado e seu quadril sangrava, e eu podia ver seu ferimento através da abertura do vestido que ela usava.
Ela se aproximou e me encontrou, e chorou de emoção porque eu estava viva e ninguém tinha me atropelado.
Ela me ergueu louvando a Deus Todo-Poderoso, com sua fé de ferro.
Não há nada como ser abençoada com uma nova oportunidade.
A medida que recuperei a consciência dos meus sentidos, ver e cheirar minha mãe foi a confirmação do retorno à vida.
Olhei para todos os lados e havia escombros, sangue na estrada, cacos de vidro, carrocerias, roupas, bolsas e mais sangue...

Prestei atenção em mim por um segundo, o sangramento começou a se intensificar, descobri que fiquei com um lado do rosto totalmente arranhado pelo asfalto, o lado esquerdo.
Começamos a fazer sinais com as mãos e a pedir ajuda para que um carro parasse e nos ajudasse.
Lembro-me bem, enquanto fui levada até o carro do bom Samaritano, me senti mal por sujar de sangue o interior do carro.
Deus enviou um anjo para nos salvar.
Enquanto ele nos levava para um hospital próximo pela porta do pronto-socorro, um enfermeiro muito bonito veio me carregar, ah, que vergonha que eu tive!
Me lembro dos seus olhos verdes profundos de uma forma vívida, ele era amoroso, muito cuidadoso, gentil, e então quando fui transferida para outro quarto, olhei para seus braços bem fortes, e depois olhei para meu joelho esquerdo, exposto, que dava para ver os ligamentos, ossos e músculos, tentei cobrir, assim como meu rostinho todo arranhado, eu era só uma menina e me senti tão constrangida...
O enfermeiro lindo me deu alívio imediato.
Ele falou comigo com calma, seu tom era doce e tranquilizador. Olhei para seu sedoso cabelo loiro acinzentado, ele não era muito alto, mas muito tonificado e humilde.
O amor e a segurança que senti com suas palavras foram uma anestesia para minha dor.
Naquele momento eu poderia morrer, me senti tão segura.
Ele me disse com aquela voz linda: "Não se preocupe, vamos fechar isso pra você, vamos consertar tudo".
Lembro-me da anestesia local, de muitos pontos, daquele cheiro de gaze fresca, de álcool, das fortes luzes azuis (detesto

luzes azuis, chamo de "luzes de hospital"), das pessoas indo e vindo sem parar.

E lá estava eu...

VIVA.

Então, o que acontece depois de sobreviver a um acidente? Gratidão, amor e perspectiva.

O que realmente me ajudou e apoiou foi aquele amor puro daquele enfermeiro que realmente me abraçou, e não porque ele era incrivelmente lindo (isso também ajudou, acreditem), mas porque ele era gentil, atencioso e como eu disse, eu poderia morrer ali, meu coração estava em paz.

Falar sobre como um ato de amor dura e cura, me lembra de quando morava em Buenos Aires, quase todos os dias pegava o trem para a faculdade, o TBA, da estação La Lucila ou Olivos até a estação Belgrano.

E muitas vezes ao voltar eu via aquele homem, sempre bem vestido, na maioria das vezes de terno, com estilo inglês, às vezes com estampa xadrez, e sempre com uma boina.

Ele trouxe sua bela música de tango junto com seu acordeão e canto. Ele era um artista muito bom, dava para sentir o amor que ele transmitia aos passageiros.

Ele foi de vagão em vagão e, após a apresentação, enquanto caminhava rapidamente, gritava em espanhol: *"Solo el amor salvará al mundo"*, "Só o amor salvará o mundo".

Isso me impactou muito.

Eu nunca esquecerei.

O AMOR É O NÍVEL SUPREMO DE INTELIGÊNCIA.

Só o amor salvará o mundo, com certeza.

Especialmente hoje em dia.

Quando estamos com problemas, como um acidente, uma situação grave ou a nossa "fé está pendurada por um cuspe e uma oração", um gesto, uma palavra de bondade pode realmente salvar você, como aquele enfermeiro fez comigo.

O amor é muito importante.

Se as pessoas conhecessem o verdadeiro impacto do amor, dariam mais amor todos os dias.

Vejo isso em ambientes malucos ou caóticos, e se eu trouxer amor, de diferentes maneiras, com comédia, camaradagem, entretenimento, 10 em cada 10 vezes, a vibração daquele grupo ou lugar, ou pessoa vai mudar para melhor, para sempre.

O segundo acidente ocorreu quando morávamos em Buenos Aires, Argentina.

Era um dia quente de outubro, era meu segundo ano de faculdade, lembro que era Dia das Mães.

Minha mãe sempre trabalhou com restauração de móveis, além de pintura óleo sobre tela, cerâmica, quando moramos na Cidade do México, ela ganhou prêmio de melhor peça de cerâmica, na exposição.

Era um bebedouro Art Nouveau, saiu no jornal e tudo mais! Entre seus vários talentos, é uma grande restauradora de móveis, utilizando diversas técnicas francesas.

Eu a estava ajudando a lixar uma cristaleira com minha mãe com palha de aço e, quando tirei uma nova da sacola, um dos fios de aço cortou meu dedo indicador esquerdo quase na metade.

Olhei para ele e vi meu sonho de ser pianista se desvanecendo.

O sangue jorrou como uma fonte de água.

(Não como o Art Nouveau da minha mãe, assustador).

Assim que ouvi o som daquela lã de aço cortando as luvas, e depois meu dedo, olhei para baixo, cheirava a metal e a sangue.
Como é que as coisas podem acontecer assim tão rápido?
A única coisa que vi antes de desmaiar foi aquele jorro de sangue saindo do meu dedo pendurado em um tendão, no mesmo momento minha mãe viu, então foi rapidamente para a cozinha, papai também veio e viu tudo, quase desmaiou, além disso, os dois subiram para pegar meus documentos, roupas, para me levar ao pronto-socorro, e eu disse "não me sinto bem".
Dois segundos depois, enquanto tentava me sentar, caí para frente com a cabeça no chão. Desmaiada.
Literalmente "cai de cara no chão!" Bravo!
Eu não sabia se tinha fraturado alguma coisa, meus sentidos estavam de alguma forma entorpecidos pelo choque, mas minha testa estava inchada e machucada.
Desmaiada no chão e ainda sangrando, meu pai me pegou no colo e me carregou até o carro, enquanto minha mãe improvisava um torniquete.
Assim que entrei no carro fiquei inconsciente de novo, o hospital não era tão longe, então fomos para o pronto-socorro, e a médica foi muito gentil, olhou meu dedo, imediatamente desinfetou e começou a suturar, ela me disse que por apenas um milímetro do tendão, não perdi o tendão e nem ele ficou mais profundo o problema.
Mais uma vez, obrigado Senhor pela sua GRAÇA.

Meu anjo da guarda deve ser um fisiculturista, um gladiador, deve tomar bomba para me sustentar.

A mesma médica ficou olhando meu rosto e pediu um raio x porque meu nariz não estava bem, então fui e fiz, e vimos as fraturas e segundo ela meu nariz estava quebrado em 16 pedaços.
Minha testa estava inchada e começou a ficar roxa com o passar do tempo.
Mas não houve traumatismo craniano! Sim!
Ele também solicitou uma ressonância magnética para ter certeza do que estava acontecendo. Na ressonância magnética, foram observados dois tumores localizados no interior do canal nasal.
A primeira coisa que me perguntaram foi se eu tinha morado em um lugar poluído, ou se já havia entrado em contato com algum tipo de metal pesado.
Eu disse que morei alguns anos na Cidade do México, onde a poluição atmosférica era forte, e que era uma atleta ativa, então absorvi tudo. (Por isso também fomos às cidades litorâneas, para desintoxicar).
Eles me explicaram que devido a contaminantes de metais pesados, como chumbo, alumínio, etc. (por causa da poluição), meu corpo criou naturalmente um mecanismo de defesa, mas felizmente os tumores eram benignos.
Que experiência divertida e claustrofóbica entrar naquela máquina de ressonância magnética!
Tive que esperar uma semana para obter mais resultados.
Então, consegui uma consulta com um dos melhores médicos de rinoplastia da Argentina.
Lembro-me vividamente de como ele era paquerador e fluente em português. Sempre que tinha férias ia para Búzios ou Angra Dos Reis. O Brasil era seu destino preferido.

Ele também falou sobre casos de cirurgias estéticas no nariz de várias meninas, modelos que não comiam e cheiravam cocaína o dia todo para se manterem em forma e com energia, e quando precisavam de uma reconstrução do nariz, seus crânios podiam ser vistos pelas narinas, pois a cocaína corrói os tecidos e a cartilagem e, com o tempo, eles desaparecem.
É apavorante.
Ele adorava a reconstrução do nariz, era sua especialidade, e também removia tumores. Não apenas a parte estética.
Dois pássaros com uma pedrada.
Seu consultório e clínica cheiravam bem, como uma mistura de ambientador laranja e éter/formaldeído.
Alguns meses se passaram, fiz todos os exames, incluindo eletrocardiograma, exame físico e exames de sangue, para ter certeza de que estaria bem para a cirurgia.
Tudo parecia estar indo bem, chegou o grande dia.
Lembro que era um hospital pequeno e o doutor estava duas horas atrasado, então eu estava pronta, morrendo de fome, esperando com o estômago vazio.
Enquanto eu estava deitada na cama da sala de cirurgia, vi o médico com um chapéu do Bob Esponja, o abracei e beijei ele disse-lhe para não me matar na cirurgia, eles riram.
"Grazi, conte de dez até um", quando eu já estava desmaiando, a última coisa que ouvi da boca dele foi "A Argentina vence o Brasil no futebol" …
O sarcasmo…
Acordei cinco horas depois, mas em vez de acordar no banheiro, ainda estava na sala de cirurgia devido à minha alta tolerância à anestesia.

Assim que retiraram a intubação, acordei tremendo de anestesia. Eu estava congelada.
Eu ainda estava em choque quando acordei e não sabia onde estava. Lembro-me de um enfermeiro me levando da sala de cirurgia para a sala de recuperação.
Isso imediatamente me transportou ao acidente que sofri na infância.
Ele também era bonito.
Quando recuperei a consciência, senti a pior dor que já senti na vida. É como se alguém tivesse raspado meu cérebro, meu nariz, minha garganta, por dentro.
Ele me levou para a cama do quarto de recuperação, onde eu passaria a noite.
Não consegui parar de tremer por uma hora, e minha mãe pegou todos os lençóis e edredons que pôde daquele hospital e deitou em cima de mim me abraçando, enquanto dizia "Amor de mãe cura", assim, cinco minutos depois, parei de tremer.
Meu pai passou na casa depois do trabalho, e foi pro hospital, e eu estava com uns tubos no nariz, gesso no rosto e não conseguia nem falar, não tinha energia.
Meu rosto parecia o de um hamster que explodiu.
Papai começou a me fazer perguntas do tipo "Sim ou Não", instruindo-me a pressionar sua mão uma vez para dizer Sim e duas vezes para dizer Não. Eu nem conseguia falar.
Minhas cordas vocais foram arranhadas pela intubação e doía muito só de tentar falar.
Me senti muito agradecida aos meus pais por estar ao meu lado enquanto sofria a pior dor da minha vida.
Além disso, antes de meu pai passar por lá, lembro que o enfermeiro estava tentando se comunicar comigo, perguntando

se eu precisava de alguma coisa, eu não conseguia comer nada, beber nada, meu corpo estava em choque total e tive um momento muito desconfortável , provavelmente o pior e mais vergonhoso da minha vida.

Depois de uma cirurgia desse calibre, toneladas de anestesia, medicamentos com o estômago vazio, o corpo lida com muitas toxinas ao mesmo tempo, então o que acontece com seu estômago?

A tempestade perfeita.

UMA TEMPESTADE DE MERDA, na verdade.

Eu estava com muita dor por causa de gases, então precisei soltá-los...

O inesperado aconteceu.

EU CAGUEI! Jesus apaga a luz!

Sim! Você ouviu certo.

Assim que senti a cagada, tive vontade de desaparecer!

Agora sim que não tem mais jeito de flertar com o enfermeiro depois dessa cagada minha fia...

Você pode imaginar isso, mano? Meu rosto caiu da vergonha.

EU CAGUEI NA CAMA.

Eles tiveram que fazer a cama tudo de novo.

Além disso, a cara explodida do hamster!

Pedi desculpas às enfermeiras e me senti muito mal.

Eles me disseram que tinham que lidar com casos piores e me tranquilizaram.

Eles tiveram que trocar meu roupão, calcinha, lençóis, e eu pedi desculpas repetidas vezes, mas não conseguia nem me mover para ir ao banheiro.

Tive que fazer xixi em um recipiente por 48 horas, não conseguia me mexer.

Seria trágico se não fosse cômico.
Eu parecia um alienígena imobilizado que acabava de cair da nave mãe.
Durante a noite acordei um milhão de vezes pensando que estava morrendo por falta de ar, mas depois os remédios eram fortes e me cansavam.
Acordei super cedo e as enfermeiras me ofereceram chá com coquetel de remédios e geleia de cereja.
Não consegui comer, tomei duas colheres de gelatina e pronto, fiquei enjoada
Logo o médico me examinou, e tive alta para ir para casa.
Minha mãe ajudou a empurrar a cadeira de rodas, então a alienígena saiu do hospital com as antenas no nariz...
Quando atravessamos a rua, todos estavam olhando para mim.
Eu podia sentir cada irregularidade do chão na minha cabeça, como um furacão.
Antes de eu receber alta, o médico disse para minha mãe "Ela me deu bastante trabalho!", bom, ele retirou dois tumores, dois cornetos, adenoides e reestruturou meus ossos fraturados.
Sim, eu dei trabalho para ele e ele me deu dor. Sacana.
Entramos no carro e fomos para casa.
A luz do sol era muito agressiva para mim, foi como uma ressaca enorme de uma festa que eu nem desfrutei.
Cheguei em casa, me olhei no espelho e ri, depois chorei...
Então eu ri de novo.
Mas uma coisa me intrigou.
O sino da minha garganta sumiu, foi cortado ao meio.
Fiquei muito chateada, penso que talvez depois de 5 horas de intubação, grudou e quando tiraram o tubo, lá se foi meu sininho.

Peraí... o quê? Primeiro o dedo do pianista, agora a garganta da cantora, será que o meu sino desapareceu?
Não pode ser!
Tive que trocar os drenos (os tubos de alienígena que eu tinha) do nariz pela gaze diária, tive sangramento nasal por 10 dias consecutivos.
Foi provavelmente a pior dor constante que já tive.
Eu não tive escolha a não ser superar isso.
Se aconteceu assim, bem, agora tem que aturar!
O que me salvou? F.R.I.E.N.D.S., meu programa de comédia favorito, desempenhou um papel muito especial no meu processo de recuperação.
Eu me sentia feia, sozinha, machucada, inchada, com tubos drenando sangue do meu nariz.
O médico me disse para tomar muito sorvete que ajudaria na recuperação da garganta e o nariz.
Nem precisou falar duas vezes... (amo sorvete).
Então, eu estava engordando também.
O peso extra começou a me deixar nervosa, além disso eu não conseguia fazer exercícios, ainda estava em pós-operatório.
Assisti todas as temporadas desse programa que encheu minha alma de comédia, diversão e conforto.
Bom, no 11º dia de pós-operatório tive que retirar os primeiros pontos externos.
Como se a cirurgia já não tivesse sido um pesadelo...
Meu médico não estava disponível, ele tinha ido ao Brasil novamente, e nos disseram que teríamos que ir ao consultório do seu substituto para tirar os pontos externos, que ele provavelmente era o médico mais sujo que já vi, sua clínica cheirava mal, a mesa estava gordurosa, o uniforme dele estava

sujo e vi alguns mosquitos e moscas mortas naquela mesa de vidro.

Meu instinto me disse que algo não estava certo.

Eu não gostei da arrogância dele ou do seu tom agressivo, você sabe, aquela *vibe* de pinto pequeno, *small-dick-vibe.*

OK, então enquanto eu me arrumava ele nem lavou as mãos nem colocou luvas, e o material que usou para tirar meus pontos (que ainda sangravam) não foi desinfetado.

Ele tirou a primeira fileira de pontos para mim.

Cheguei em casa com uma dor de cabeça terrível, já tinha tomado os coquetéis de remédios que o médico receitou, mas a dor continuou aumentando e de repente senti que não conseguia sentir o olho esquerdo. Eu entrei em pânico.

Não só isso, mas senti pouca mobilidade no olho, não sabia mais o que fazer, e isso também assustou minha mãe, coitada, que sempre sofria o dobro das minhas dores habituais.

Mamãe, ou "A Alquimista" foi ao jardim preparar uma poção com algumas ervas, como hortelã, alecrim, "*yuyitos*", ou "ervinhas" como dizem na Argentina, qualquer coisa do jardim dela, ela me colocou na banheira com água fervente, muito sal grosso e sua poção mágica.

Peguei a água quente com as mãos e lavei o rosto várias vezes, e fiquei na banheira por um tempo ...

Depois de 10 minutos tomando banho e inalando aquela poção mágica, assoei o nariz e quando saiu aquilo do meu nariz, olhei pra minha mão esquerda, saiu uma grande placa de sangue, tipo coagulado, e a dor e a infecção pararam imediatamente. (Além da dor pós-operatória normal).

Sim, o doutor porco me deu uma nova infecção na semana após a cirurgia. Eu queria matar o cara.

Você sabe quando alguém faz coisas premeditadas para te ferrar?

Enquanto me curava, agora sem gesso no nariz e respirando melhor, outro milagre aconteceu, comecei a sentir cheiros novamente, pensei que tinha perdido o olfato.

Meu médico me disse que isso poderia ser provável.

Você acredita?

Não sentir cheiro de mais nada pro resto da vida?

Foda.

Primeiro o dedo, depois o nariz, depois o sino na garganta, depois a falta de cheiro, merda...

É verdade que existem coisas que a gente não valoriza até perder mesmo...

Reclamei com meu médico e ele demitiu o desagradável Dr. Porcão de merda.

Eu tinha um cachorrinho da Pomerânia chamado Bunny, o cachorro mais doce de todos os tempos. Havia algo saliente bem no meio das minhas narinas, onde fizeram o corte principal para a cirurgia.

A cicatriz estava cicatrizando.

Eu não sabia que estava acontecendo naquela cicatriz.

Eu estava no chão brincando com Bunny e por alguns dias ele não parava de lamber aquele ponto específico do meu nariz.

Foi engraçado, mas depois entendi que ele estava me apontando que tinha alguma coisa ali.

Foi outro ponto externo... ninguém viu, nem meu médico e nem seus auxiliares. Tinha pontos internos e externos, o interno seria reabsorvido pelo corpo, enquanto o externo precisava ser retirado.

Estava escondido dentro da minha pele, era um pontinho de náilon, bem preto, e virou uma bola, escondida no centro da minha cicatriz, apodrecendo ali. Meu cachorrinho encontrou. Fui ao banheiro, desinfetei uma pinça e tirei.
Obrigada Bunny!
De qualquer forma, outra microcirurgia estava por vir.
Porque?
Eu tinha tecido cicatricial crescido onde minhas adenoides, cornetos e pólipos foram removidos.
Resumindo, depois da minha cirurgia principal, tive que passar por 3 microcirurgias.
Então lá vamos nós, só um pouco de anestesia local, e lembro-me de segurar um recipiente de metal, para segurar o sangue e o tecido que ia cortar, com os olhos abertos, e observar todo o lindo processo. Piedade Senhor!
Eu saí disso.
Continuei usando os remédios para o nariz e os antibióticos.
Da próxima vez, a mesma coisa.
A terceira vez é a sorte.
Falei para o meu médico que toda vez que tomo banho, e até hoje, sinto a água na minha fratura.
Ele me injetou cartilagem semelhante a um material biológico, mas foi absorvida com o tempo.
Então, se você colocar um dedo no topo do meu nariz, ainda poderá sentir a fratura.
No terceiro livro compartilharei meu último acidente, um acidente de futebol no capítulo "QUANTOS TRAUMAS ÓSSEOS?".
Entretido, divertido, e com menos sangue que esses dois.
No entanto, foi um trauma na mandíbula.

Fique ligado!

VAI SE MUDAR, GOSTE OU NÃO

"O mundo não pertence aos mais fortes, senão aos que se adaptam melhor"

Lembra do primeiro capítulo?
TESTADA COMO VEÍCULOS TODO TERRENO 4x4?
Estamos destinados a quebrar para reconstruir-nos novamente.
No entanto, o processo é doloroso.
A adaptação é definitivamente obrigatória, por isso adaptar-se a uma nova vida, num novo país, sem ter ideia de como as pessoas funcionam, falam, se vestem, é um choque necessário.
Você aprende a nadar nessa categoria, observando e reproduzindo o mesmo estilo.
"Aprender novas categorias" de tudo foi o que marcou meu caráter.
Todos os países onde morei deixaram um legado profundo no meu jeito de ser.
Sou uma cidadã do mundo e não tenho medo de viajar (principalmente sozinha) ou de mudar para outro país.
Não tem sido fácil, é sempre humilhante no começo, principalmente quando você está em público e precisa pedir alguma coisa, e não conhece o idioma, e quando precisa passar em um exame de física em outro idioma, a porrada é o que definitivamente constrói o caráter.
"When you adjust, life changes", quando você se ajusta, a vida muda.
Você sabe onde fica o supermercado, os clubes esportivos, o grupo de amigos, aquele café e livraria preferido, um amor.

Depois que você finalmente se instala, é hora de mudar novamente.

O primeiro pulo foi Brasil→México.

O segundo pulo foi México→Itália

O terceiro pulo foi Itália→Argentina

O quarto pulo foi Argentina→Brasil→EUA

Entre México→Itália, fiz intercâmbio em Montreal, Quebec, Canadá.

Antes de ir para o Canadá para fazer o curso intensivo, estudei francês seis meses, nos finais de semana, cerca de cinco horas por dia.

Os humanos não foram feitos para ficar parados.

Sou uma roda que precisa continuar girando.

Sou como um riacho, se não me mover, morro.

BRASIL → MÉXICO

"Bota pimenta em tudo"

Bem-vindo ao país que coloca pimenta, ou como dizem eles *"chile"* em tudo.
Foi bem diferente, embora tenhamos interesses parecidos, somos ambos países muito católicos, todos amamos futebol, música, aventuras.
Porém, a cultura mexicana é muito tradicional, o Brasil é mais moderno na forma de criar os filhos, na maneira de falar, de se vestir, na forma como as famílias são construídas, na tradição culinária, etc.
As crianças no México chamam suas mães de "senhora" e no Brasil chamamos nossa mãe diretamente de "mãe" ou "mamãe".
O respeito entre parentes nas famílias me chamou a atenção. A forma com a qual os filhos mais velhos cuidam dos mais novos e como se dirigem aos pais também é algo interessante de ver. É bonito.
Eu tinha a mente muito aberta, me vestia de maneira justa ou esportiva, não me comportava como uma "senhorita".
Quantas vezes tive problemas com meus pais por causa da maneira como me vestia no México (até hoje na verdade).
Lá eu era diferente.

Meu comportamento, meu sotaque brasileiro, meu jeito de palhaça, a maneira como jogava futebol ou subia em árvores e

interagia com outros jogadores do time, sempre optei por jogar em times mistos...
Ser esportivo e meio moleca *(tomboy)* também chocou a população local, e é por isso que a maioria dos meus amigos são homens, é mais fácil ter amigos, principalmente no México. Eles dividem o seu status social em "Fresa" ou "Naco", então eu ficaria com os nacos! Com muito orgulho!
Nacos seriam mais "comuns" ou como seriam chamados os nativos mexicanos.
Esclareçamos que "Naco" não é "Narco".
Morango representa um status social mais elevado e rico, eles também possuem um sotaque diferente, falam cantando e arrastando a última sílaba.
Eles querem se diferenciar das pessoas populares que são erroneamente classificadas como Nacos, o segmento mais popular da população.
Por exemplo, em tom depreciativo, diziam:
"Maldito naco, maldito índio."
Sempre estive com e para as pessoas, nunca a "princesa" das unhas bem cuidadas. Não me interpretem mal, adoro ficar bonita, mas se planejo fazer atividades ao ar livre, *bootcamps*, ou na água, na lama, não me importo se estrago meu cabelo ou minhas unhas.
Priorizo a aventura, não a aparência.
As meninas são tão bem-comportadas no México, seguem as regras, a tradição, a feminilidade, a rotina de cuidados com a pele, a maquiagem, o jeito peculiar do penteado, as típicas "mocinhas" bem-educadas, as incríveis "moças" pequenas mães" e "donas de casa", criadas com uma forte tradição de valores mexicanos.

Eu era a brasileira louca entre os meninos, tumultuando tudo.

Eu amei o México como país, minhas poucas, mas melhores amigas estão lá.
Disseram-me que, para sobreviver no México, é preciso incluir estas frases populares no seu vocabulário diário:

"De poca madre", "Tu pinche madre", "Padre" o "Padrísimo",
"No Mames Güey", "No, pues está cabrón", "Neto, güey?",
"Pinches Mamadas", "Quihubole mijo?" "Está de huevos",
"Vamos a echar la hueva", "¿Qué Onda?".
"¡Ah! ¡Que Caray!", entre outros...

Eu fiz anotações.
O vocabulário mexicano é o mais florido que existe.
E as piadas são infinitas!
O Distrito Federal, a Cidade do México está repleta de museus (mais do que em Paris), edifícios, castelos, história, Zona Rosa, La Condesa, Serra Leoa, etc. Há muito a fazer.
Comecei a comer chicharrones com molho Valentina, chilaquiles, tacos e chile piquí. Coloquei pimenta em cima de cada manga que abri, com limão... Jícamas também...
Que delícia!
Tlacoyos, Huaraches, Chiles Rellenos, Chiles en Nogada.
Ai meu Deus!
Amei, então comecei a colocar pimenta em tudo como fazem os indígenas. Minha gastrite adorou.
Depois da escola, meus amigos e eu pedíamos um "Raspadito de Tamarindo" com bastante pimenta, ou molho Chamoy, com polpa de tamarindo, que só de pensar me dava água na boca...

Foi tão refrescante e quente ao mesmo tempo.

Fomos aos *Tianguis* (como se fosse uma feira) para ver que roupas, chapéus, livros, CDs, LPS ou livros e boa comida eles vendiam.
E essa é a Cidade do México, picante, doce, engenhosa e azeda.
A cidade é cheia de eventos, castelos, hotéis, museus, plataformas para artistas.
É uma cidade fria na maior parte do ano, pois é um vale a 2.200 metros acima do nível do mar.
Comecei a chamar todo mundo de *güey*, entre outros colóquios bem mexicanos.
Morávamos a 2.400 metros, em cima de uma rocha, ainda mais alta que a própria cidade. O ar rarefeito, a poluição atmosférica, as cores, os sabores, as paisagens e o caos faziam parte da vida ali.
Salve-nos Nossa Senhora de Guadalupe!
Todas as minhas estreias aconteceram no México.
Serei sempre grata por chamá-lo de minha segunda nação, língua e cultura.
Quando falo espanhol, falo como os mexicanos.
Quero dizer, na maior parte.
Agora, se eu falar com argentinos, começo a falar "boludo", "che" e o sotaque muda imediatamente, porque bom, a Argentina também está incrustada no meu DNA, como "Yerba Mate". Foram 5 anos de Buenos Aires dentro de mim...

O México tem um selo forte no meu coração.

Faz parte de quem eu sou hoje.

Minha primeira cerveja, minha primeira dose de tequila, meu primeiro cigarro, meu primeiro homem, minha primeira fuga.

DO FLAT À CASA PERMANENTE

"As boas vindas surpreendentes"

No dia em que nos mudamos do flat temporário em Polanco para a nossa casa permanente em Bosques de la Herradura, ocorreu uma abordagem inesperada.
Colocamos nas malas nossos objetos de valor, enquanto esperávamos pelo nosso container 40x40 high cube com todos os nossos móveis e pertences, que chegaria meses depois.
Estávamos dirigindo de Polanco, onde ficava o apartamento, até Bosques de La Herradura, onde ficava nossa casa.
Carregávamos tudo no carro, cobertores, malas, jóias da minha mãe, umas economias em dinheiro também, as coisas mais importantes e pessoais.
Um cara com uma arma prateada de alto calibre, definitivamente uma .45, se aproximou do carro, meu pai estava com o vidro abaixado, era um dia quente, mas ventava muito.
O indivíduo apontou a arma para a cabeça do meu pai e nos mandou entregar tudo para ele, então meu pai começou a tirar o relógio, aliança, celular e dinheiro.
Eu estava no banco de trás e vi tudo claramente.
Havia muito trânsito.
Lembro que estava usando uma pulseira de ouro que minha tia Márcia me deu, quando tirei minha mãe imediatamente mandou eu parar, o cara não me viu no carro.
Então guardei e tenho até hoje.
Fico surpresa por ainda tê-lo, costumo perder tudo, principalmente se for ouro e caro.

Minha mãe corajosamente pegou a arma e com o polegar cobrindo o cano, ela abaixou a arma e ao mesmo tempo empurrou a arma para longe da cabeça do meu pai.

Mamãe é uma gangster.

Felizmente o cara, depois que minha mãe baixou a arma, saiu devagar, com todas as coisas, claro.

Um "Bem-vindo ao México" foi melhor que uma "Despedida (não tão boa) de São Paulo".

Assista no próximo segmento após o intervalo comercial!

A DESPEDIDA (NÃO TÃO BOA) DE SÃO PAULO

Isso aconteceu talvez uns oito meses antes de nos mudarmos para o México.
Minha mãe e eu fomos a uma loja de produtos naturais na cidade de Granja Vianna, onde nasci.
Uma área cheia de grandes propriedades, lagos, riachos, árvores frutíferas, cavalos, fazendas (agora é completamente diferente, cheia de áreas comerciais, shopping centers e empreendimentos, um saco).
Minha mãe saiu do carro, foi até a loja comprar mel, pólen e outras coisas.
Eu estava dentro do carro, ouvindo boa música e sonhando acordada.
Vi cinco caras indo e vindo naquela rua inclinada, onde ficava a loja.
Resultou ser que eles estavam armando o plano. Calculando ângulos.
Três caras entraram na loja, e dois caras entraram no nosso carro, eu olhei para esses estranhos, com ódio nos olhos, eles entraram silenciosamente. Fiquei gelada.
Quando olhei para fora, eles amarraram as mãos da minha mãe e do dono da loja e o cara apontou uma arma para as costas da minha mãe, me dizendo para ter muito cuidado.
Trancaram o dono da loja no banheiro, esvaziaram a caixa registradora, saíram da loja e todos entraram no nosso carro.
Os cinco criminosos entraram em nosso carro.
Foi quando acordei de Lalaland.

Pensei comigo mesmo: "Merda, esse é o meu fim, né?" ...
Anunciaram que me levariam com eles, pois empurraram minha mãe de volta para dentro da loja, ela relutou e gritou:
"LEVEM TUDO! Levem o carro, as carteiras, as bolsas! PEGUEM TUDO!
MAS DEIXEM MINHA FILHA! ELA É A ÚNICA COISA QUE TENHO."
Ela se ajoelhou, repetiu aquela frase, o cara que estava apontando a arma para ela estava olhando para aquela mãe maluca que estava tendo um colapso nervoso, então antes que ela chamasse mais atenção na rua, resolveram me empurrar pra fora do carro.
Quando me empurraram para fora, me disseram para não me virar porque iam atirar em mim, nos pegaram e nos trancaram no banheiro da loja com o dono (um banheiro bem pequeno). Antes de partir, eles nos avisaram:
"Se chamarem a polícia, vamos matar todo mundo" (tendo em conta que tinham as nossas identidades e domicílios, aliás, poderiam voltar mesmo).
Viu? As boas-vindas do México não foram tão ruins.

Aguarde o evento em Buenos Aires:

capítulo "DE TAREFA UNIVERSITÁRIA A SEQUESTRO".

Ainda fica melhor.

A EXPERIÊNCIA TURBULENTA DO COLEGIAL

"Quanto mais você quer SAIR, mais você ENTRA"

Terminei o colegial em 3 colégios.
Assim que cheguei ao segundo, já na Cidade do México, foi um pesadelo.
A pior experiência que tive em termos de escola e grupos.
O *bullying*, a humilhação porque eu não falava espanhol nem inglês no começo, era muito jovem, imagine ter que aprender os dois "na paulada" para poder estudar e fazer provas, era um ambiente muito hostil.
Meus pais me transferiram depois para uma escola militar, talvez fosse melhor para minha disciplina e para ganhar um novo "ar".
Bem... não foi bem assim.
Fomos para a nova escola, era no alto de um morro, uma área montanhosa com neblina, com alguns riachos, tinha uma vista linda, dava para ver claramente as camadas de *smog* da Cidade do México.
Porém, senti um estranho silêncio diante de outro pesadelo escolar que estava prestes a acontecer, o primeiro dia de internação na instituição militar.
Ouvi falar do uniforme, das restrições, das leis, na minha cabeça pensei QUE PORRA É ESSA?
Eu? Vestindo um jumper? Um vestido? E as cambalhotas, estrelas, escaladas de montanha e árvores?
Que merda é essa?

As diretoras daquela escola eram pessoas más, não era porque eram militares... Não gosto da falta de respeito.
Quanto mais pressão eles colocavam sobre mim, menos respeito eu tinha e mais correspondia aos maus tratos.
Por exemplo, se eu não estivesse com o cabelo completamente preso, ou em um rabo de cavalo perfeito, se eu tivesse um único fio de cabelo solto, não me deixariam entrar no campus, se meu suéter não estivesse bem passado, ou meu sapato não estava devidamente polido, eles impediram a entrada e me mandaram de volta para casa.
Elas batiam na gente se respondíamos mal às suas demandas durante a aula.
Além disso, interagir com meninos era malvisto.
Adivinhe para que lado o pêndulo balançou quando o soltaram?
Exatamente, em direção aos meninos!
As meninas eram muito bem-comportadas, eram calmas, obedientes e eu precisava de diversão.
Organizei concursos, desafiei todo mundo a fazer coisas, fiz apostas, fugi do campus para as montanhas, pulei do segundo andar para o primeiro, de jumper, sem os shorts.
Travessuras garantidas.
As "senhoritas" educadas não tiveram escolha a não ser se juntar a nós, então comecei a criar um concurso de calcinhas, que todo mundo tinha que ir com a mesma cor (entre outras ideias divertidas).
Tivemos que escolher uma cor para cada dia, e durante o resto da semana tivemos que combinar com o resto do grupo.
Então você via todo mundo mostrando discretamente suas calcinhas. Eu e minhas grandes ideias.

E quem não combinasse tinha que pagar alguma coisa ou trazer comida, trazer cerveja, ou algo divertido e ilegal.
Comecei a matar aulas e influenciei meus amigos a fazerem o mesmo.
Pedíamos licença para ir ao banheiro e, de repente, cinco ou seis de nós saíamos da sala de aula... e também fugíamos do campus, como eu já havia planejado.
Ele sabia onde ir sob o arame farpado e as cercas...
Saíamos, ninguém notava, alguns amigos meus tomavam algumas latas de cerveja ou drinks.
Lembro-me da neblina enquanto atravessávamos a floresta, atravessando alguns riachos, molhando também metade do corpo e destruindo completamente os sapatos por causa da lama.
O plano sempre funcionava, mas minhas notas foram piorando e meus pais começaram a perceber.
Eu tinha cerca de 10 ou 12 relatórios disciplinares por mês.
Viva o caos!
Também fui suspensa algumas vezes por comportamento "imprudente" e por influenciar outras pessoas.
Paguei aos meus colegas para fazerem o dever de matemática, porque geralmente era péssima.
Esta escola não merecia meu respeito.
Eles não nos deram nenhum.
Mais ou menos na mesma época, conheci dois irmãos na mesma escola que eram mais travessos do que eu era capaz de incitar.
Eles eram incrivelmente bonitos, mas loucos demais.
A combinação perfeita para serem os golpistas que eram.

Todo mês eles tinham um carro novo ou uma moto nova, me buscavam no clube esportivo para ir à "escola", mas íamos correr com outros motociclistas ou fazer um passeio de um dia para "La Condesa", ou algo assim.

No entanto, eles foram além... eles me mostraram como enganavam as pessoas, como memorizavam números de cartão de crédito, como estafavam o pessoal no drive-thru de *fast food*, mas, falando sério, era algo que eu não conseguia fazer.

Eu só queria minha liberdade. Eles foram além das leis.

Não posso acreditar que eles nunca foram presos, pelo que eu sei. Um deles é um rapper na Cidade do México agora, ouvi falar disso há pouco tempo por uma amiga minha.

Também notei que eles estavam roubando de mim e de outros estudantes.

Todos na escola perceberam que eram golpistas, então mantive distância.

Fomos ao mesmo clube esportivo e um dos meninos entrou no chuveiro do vestiário feminino, enquanto eu estava no banho, e o expulsaram do clube.

Os viciados em adrenalina estavam sempre procurando problemas.

Então, as diretoras da escola foram desrespeitosas e também desonestas.

A diretora tinha uma franja tão redonda e pra frente que parecia o para-choque de ônibus.

Ela cometeu fraude fiscal e roubou dinheiro de muitos estudantes, inclusive eu, e geralmente nunca deu recibo de pagamento.

Ela parecia um fósforo aceso, com seu cabelo ruivo falso e andava como um pato, com saltos altos ridículos e hálito fedorento.

Por mais "ruim" que eu fosse, fui escolhida para segurar a bandeira mexicana e fazer parte da seleção honorária. Além de vocalista, cantávamos o hino nacional todas as segundas-feiras antes da aula na quadra de vôlei.

Essa bandeira era muito pesada. Mas foi um grande ritual e até hoje conheço o hino nacional. Ainda canto de cor.

Naquela época ela também era capitã da seleção feminina de vôlei.

Fiz grandes amigos lá, mas odiei o lugar e o tratamento.

O que fez tudo valer a pena foram as amigas sarcásticas, engraçados e molecas que eu tinha.

Jéssica, Dani, Gabi e Nancy. Estávamos sempre juntas.

Gabi começou a chamar um dos meus melhores amigos Andrés de "Bosco" por causa de um programa de televisão, ele odiou, mas teve que aguentar. Ele estava sempre disposto a participar de qualquer aventura que eu propusesse, sempre foi um amigo muito próximo.

Jessica sempre esteve ao meu lado e me livrou de problemas. Ou me desafiando a me meter em outros.

Rocío, apelido Chío, é espanhola-mexicana, divertida, inteligente, sexy e com a boca de pedreiro como nós, mas 3.0.

Mas eu sempre roubei os sanduíches da Jessica.

Então ela começou a fazer o mesmo. Mas então ele trouxe 2, sabendo que eu sempre comeria seu almoço.

Miriam e Majo também eram amigas muito próximas.

Tão fortes quanto eu. "Sem unhas delicadas de princesa."

Quando estávamos juntas na Unimex, ficamos amigas.

Miriam é a mais escolada, sempre lê um livro, escreve muito, vai a museus e viaja.

Majo sempre vai a eventos, é redatora/repórter de mídia da Cidade do México, e é sempre a mais ocupada.

Lembro-me da Bere (uma garota divertida e espirituosa) que estava na mesma escola militar que nós, ela era uma das melhores amigas da Miriam, e toda vez que fazíamos uma festa, a Bere sempre entretinha, com piadas engraçadas.

Aprendi com ela a famosa frase mexicana:

"¡Vamos a chupar hasta que las nalgas nos aplaudan!"

Quer dizer "vamos beber até que nossas nádegas aplaudam".

Miriam e eu sempre íamos a um museu diferente todo fim de semana.

Ela teve uma grande influência na minha vida, sempre lia alguma coisa, e sempre nos fazia análises de livros, e comentava filmes, muito sábia.

Sempre ríamos, porque convidávamos a Majo para qualquer evento ou museu, e ela sempre dizia que sim, mas nunca aparecia.

Essas meninas eram um grupo forte e não importava o que acontecesse, estávamos lá para apoiar umas às outras.

Tive um mau pressentimento em relação a administração daquela escola militar.

Então, como todo mês, fui lá pagar a renovação do ano letivo, mais a mensalidade, mas não me deram recibo de nenhuma das duas coisas.

Disseram à minha mãe que eu nunca paguei. Mentirosos!

Moro em Lalaland e infelizmente eu nunca pedi recibos.

Então, eu tinha um amigo advogado, Carlos Carreño, um dos amigos mais próximos da família, frequentávamos o mesmo clube esportivo em La Herradura ele era o típico amigo que se você cantarolasse uma música, ele sabia imediatamente qual era, muito conhecedor de música, assuntos mundiais e fã de futebol, acompanhou a mim e minha mãe para fazer uma reclamação à diretoria da escola, para tentar recuperar o dinheiro, ainda faltava o último ano do colegial, e não e não queria passar o tempo naquela escola militar de bosta.

Foi um caso de "ele disse ela disse", pois não havia provas.

No entanto, meus pais começaram a questionar minha ética.

Acho que porque andei com as pessoas erradas por um tempo. Mas minha moral é inquebrável.

Eles não apenas não devolveram meu dinheiro, mas também disseram que eu nunca fiz nenhum dos pagamentos mencionados.

Meu amigo era advogado, então eu disse a eles para irem em frente, poderíamos nos encontrar no tribunal.

Pouco depois de me enganarem, eles enganaram outros estudantes e finalmente foram processados.

Eles tiveram que fechar.

Entendido e fora!

OUTRO COLÉGIO, MESMO PAÍS

Lá vamos nós, mesmo país, mas para o terceiro colégio.
Dessa vez adorei, foi o Instituto Salamanca.
Fiz muitos amigos internacionais imediatamente.
A atmosfera era diferente.
Sem caos, sem agressão verbal/física, sem mentiras.
Sempre me lembrarei desse grupo de meninas, estávamos sempre juntas, e estivemos juntas nos bons e maus momentos.
Marisol, Gaby, Patty e Sofi.
Gaby era uma das minhas melhores amigas. Eu a amava.
Não importa o que acontecesse, ela sempre me ajudou emocionalmente e não morávamos longe uma da outra.
Meses se passaram, conheci meu primeiro namorado.
Sabe aquela história que viverá em você para sempre?
A história de amor mais importante da sua vida, aquela que te impactou tanto que por mais que você queira se livrar daquele espinho, ele sempre ficará na sua pele?
Foi essa.
Vá em frente Grazi, escolha o garoto mais instável do time!
Você vai se divertir muito, se diz por aí. Bora lá!
Lembro-me de estar em uma festa em um restaurante/showroom de música muito popular perto da minha região, no México, com minhas 4 amigas.
Eu olhei para aquele cara do outro lado da sala.
Uma das minhas amigas o conhecia, ela me disse mais tarde que ele era o ex dela, a Marisol.

Gostei da sua aparência dura, musculosa, sorriso lindo, cheio de tatuagens, cabelos bonitos e sedosos, correntes de prata, aparência forte e, claro, encrenqueiro.

A PAZ NUNCA FOI UMA OPÇÃO.

Ele tinha um Mustang preto barulhento (que mais tarde bateu em um acidente).

Então, eu ouvi rumores sobre ele, e também ouvi que ele gostava de uma garota brasileira do seu grupo do colegial, e bem... Então eu facilitei as coisas para ele.

Dei o próximo passo, algo que não costumo fazer.

Eu não persigo garotos. Não parto pra cima.

E como sempre me inclinei para problemas, acho que ele se encaixou perfeitamente nos meus padrões.

Eu o encurralei e perguntei diretamente:

"O que você quer? Uma noite? Um flerte? Algo sério?"

Nunca esperei isso de mim, me surpreendeu também.

Ele disse que sim, que queria algo sério.

Eu sabia no que estava me metendo... bom, eu achava.

AMOR É UM CAVALO SELVAGEM

"Você só será livre quando sua alma for livre"

Então, lá estávamos, no primeiro encontro, senti uma química imediata.
Conversamos por horas, a gente tirava sarro de todo mundo, a gente brincava de ser ridículo, julgávamos as pessoas, ríamos de nós mesmos também, conversamos sobre sonhos, futuro, atividades paranormais, a mente dele era extremamente sexy para mim.
Ele era sensível, designer gráfico, um artista.
Ele também tinha um corpo incrível.
Alguns meses se passaram, o que tinha que acontecer aconteceu.
Fiquei tão envergonhado, mas ele foi tão respeitoso, maravilhoso, compreensivo e nunca me arrependerei de ele ter sido meu primeiro homem.
Continuamos escondendo isso dos meus pais, mas a química era óbvia, mas eles descobriram quase imediatamente.
Eu tinha que viajar de ida e volta para o Brasil, e cuidar de algumas coisas, documentos, visitas de familiares, e foi muito difícil para nós dois, porque ele tinha muito ciúme, e eu também, mas ele era excessivo.
Dei a ele meus números no Brasil e continuamos conversando todos os dias. Mesmo quando estive um mês no Paraguai, visitando uma família de amigos muito próximos da minha família, ele continuou me ligando para lá também.
Todo mundo o conhecia.

A primeira vez que andei a cavalo foi na fazenda de uma das minhas melhores amigas da infância.
Era um lugar lindo, lindas paisagens, lagos, casas, estábulos, coisas diferentes.
Foi lá que aprendi que as éguas são mais flexíveis e obedientes que os machos, são menos hormonais e resistentes, mais manobráveis.
Lembro-me do amor que tinha pelos cavalos, quero dizer, por todos os animais, mas os cavalos têm poderes mágicos de cura.
Queria montar com mais frequência, mas não tive oportunidade.
Os anos se passaram, meu namorado tornou isso possível.
Ele era CHARRO, é assim que os mexicanos chamam os cowboys lá.
Isso me trouxe de volta ao mundo equestre depois de muitos anos, fiquei tão empolgada!
Lá estava eu, no México, conhecendo-o e sua família, e parecia que era o destino que tínhamos, com um rancho e muitos cavalos, parecia que aquela memória e sonho de infância ia ser revivido.
Ele me levou pela primeira vez ao "ring" e me mostrou todos os estábulos, a comida e o pessoal de manutenção, os caminhos, as árvores, havia um morro e no topo do penhasco dava para ver boa parte da Cidade do México.
Eu tinha uma égua preferida, "La Covadonga", ela era obediente, flexível, rápida, branca como uma nuvem, adaptável e compreensiva.
Montar foi fácil, ganhava velocidade imediatamente.

Ele me ensinou movimentos como "laçado", "*side riding*", montar sem sela, galopar rápido, como amortecer o impacto, posturas, como selá-los, alimentá-los e cuidar deles.
Ele era um *gentleman* incrível, vinha de uma família muito rica. Um homem trabalhador, tradicional e forte.
Todos em sua família andavam a cavalo, principalmente sua irmã mais nova, que foi campeã em diversas categorias de equitação.
Lembro-me vividamente de seus arcos, troféus e medalhas em sua parede.
Seu pai tinha uma empresa de segurança privada, por isso que muitos grandes nomes da indústria musical, além de donos de grandes cervejarias, em sua maioria dos Estados Unidos, contratavam seus serviços, que incluíam carros blindados, guarda-costas (os "guarros", como são chamados), armados junto com uns supervisores.
Minha mãe o amava, meu pai tinha dúvidas, ele nunca esteve completamente convencido de que poderia ser "The one", ou o príncipe encantado.

Porém, eu estava vivendo um sonho.

Não por muito tempo.

Ele fumava e bebia demais.
Também comecei a fumar. Ele começou a ficar mais instável.
Ou talvez ele se sentisse mais confortável comigo, então começou a mostrar sua verdadeira face.
Muitas *bad trips*, ou "cenas dramáticas" e "explosões de raiva".

Uma grande *red flag* foi quando estávamos conversando no telhado de sua casa de três andares e eu estava olhando para baixo. Ele "fez" uma piada dizendo que ia me empurrar da borda, quase desmaiei e caí para trás.
Aquele vento de amor parou de soprar e o vento das perguntas começou a tomar conta dos meus pensamentos na direção oposta.
Começamos a brigar por causa de seu problema com a bebida e de suas ações bipolares.
Não importa o quão leve ou duramente a gente brigasse, ele sempre estava "certo".
Talvez ele pedisse desculpas no dia seguinte. Ele sempre gritava.
Brigávamos, sempre havia gritos e discussões.
Era difícil ter uma discussão normal sem irritar um ao outro.
Ele amava muito sua mãe. Ela também é artista, uma das pintoras mais talentosas do México. Seu pai era divertido e protetor, e ele adorava suas bons tequilas.
Provavelmente era tradição.
Eu amava a irmã dela de todo o coração, me dava bem com ela e até hoje a adoro.
Lembro de nós três brincando, correndo pela casa, mostrando a bunda, fazendo piadas, pedindo pizza, assistindo TV, eu estava tão feliz, tão acolhida.
Ele me disse que não gostava de quem era, que tinha um conflito interno, que estava tentando mudar, prometeu que mudaria.
Ele me contou que tinha pensamentos delirantes e que, embora às vezes fumasse maconha, via seres de outra dimensão que vinham assombrá-lo, também como revelações.

Um dos meus melhores amigos, que na verdade era muito feminino para ser um homem, estudou na mesma universidade que ele, o meu namorado ficou com ciúmes, e agarrou-o pelo braço, gritou e insultou-o, e um dia cuspiu na sua cara, e tudo isso porque passei muito tempo com meu amigo (que mais tarde saiu do armário).
Muitas vezes havia um problema, ou muitos problemas.
Se tudo estivesse calmo, ele teria que criar um.
Ele bateu o carro porque estava bêbado e adormeceu ao volante.
Não tem problema, alguns dias depois, papai deu a ele um novo BMW.
Muitas vezes fui pra casa da Gaby para desabafar sobre nossos problemas. Nós duas conversamos sobre nossos problemas de relacionamento, o que serviu de ar fresco para minhas turbulentas experiências com ele.
O namorado dela era o melhor amigo do meu namorado.
Saímos juntos muitas vezes.
Ficamos juntos por mais de um ano e meio.
Foi o relacionamento mais tóxico, completo, lindo e apaixonado que já tive.
Além disso, foi o maior tempo que já estive com alguém na minha vida.
Ele foi minha cruz.
Meus pais viram que ele era treta.
Ninguém em sua família parecia saber.
Ou pelo menos eles escondiam educadamente...
Disseram-me que o tirei da escuridão e o trouxe para a luz.
Ele estava menos agressivo, menos intimidador, menos errático quando estávamos juntos...
Não consigo imaginar como era antes de mim naquela época...
Ele disse que eu dei a ele "uma direção" na vida.

Os 50% bom, foi absolutamente encantador.
Ele brincava o tempo todo, dançava, fazia comédia, desenhava, me trazia presentes, me levava em corridas de cavalos, exposições, festas.
Ele era o que estava faltando na minha vida.
Meu melhor amigo e também meu homem.
A família dele me abraçou.
Se ao menos pudéssemos ficar com os bons 50%, certo?
Nunca tive essa química e afinidade com mais ninguém até hoje.
Seus 50% bons foram extremamente bons.
Mas seus 50% ruins... destruía tudo em questão de segundos.

DO CÉU AO INFERNO, SEM ESCALAS

Lei de Murphy #8:
"Nunca durma com alguém mais louco que você"

Assim que meus pais começaram a notar seu comportamento agressivo, seus problemas com a polícia, seus hábitos de beber e fumar, eles expressaram preocupação.
Ele era meu projeto né meninas?
Amamos projetos.
As mulheres tendem a ter pena de certos tipos de homens, querem ajudar e, às vezes, querem reconstruí-los e acabam por definir o "projeto" como meta.
Se você é mulher e está lendo isso agora, me mande um e-mail e me conte...

Você já foi capaz de mudar um homem?
Você já fez de um homem o seu projeto?
Conseguiu?
graziella@grazimusic.com
Me marque nos seus *stories* e com certeza compartilharei @grazicall.

Um dia, depois de mais de um ano juntos, ele me ligou e queria me mostrar uma coisa. Era uma casa.
Uma casa enorme que os pais dele compraram para nós, tinha três andares.

Um lindo jardim, jacuzzi, mas assim que vi aquele lindo imóvel, algo revirou meu estômago, senti a sensação de vazio e sofrimento que sentiria se me mudasse para aquela casa.
A coleção de bandeiras vermelhas começou a se acumular.

Devido à preocupação dos meus pais, eles decidiram me mandar para Florença, na Itália, que também faz parte das minhas raízes maternas, e um país que sempre quis visitar. Talvez eu pudesse me encontrar lá, ampliar meus estudos.
Logo mais eu estaria entre a cruz e a espada.
Começamos a brigar com mais frequência, ele me disse que eu quebrei nossa "promessa", nosso "pacto", mas fiquei preocupada com sua estabilidade mental e emocional.
Acho que isso me afetou muito. Eu tinha meus próprios problemas e agora carregava os dele.
Ele se sentiu incrivelmente sem chão, porque poderia resolver muitos problemas.
Mas este não.
Escorregou completamente de suas mãos.
Foi o princípio do fim.
Durante um mês choramos, brigamos, a mãe dele chorou, veio falar comigo... Ela me pediu para pensar e eu disse a ela que tínhamos problemas e que ele não estava mudando e me senti ameaçada.
Ela me disse que cobririam minhas despesas de faculdade, que eu teria o carro que quisesse, o que quisesse.
Já tínhamos a casa e se quiséssemos ter filhos eles me apoiariam totalmente, aliás, queriam que tivéssemos filhos.
Por outro lado, meus pais já estavam se preocupando comigo, me disseram que eu tinha a oportunidade de ampliar meus

horizontes, talvez morar na Itália fosse meu destino, continuar meus estudos e algo de bom aconteceria profissionalmente.
Gravei meu primeiro CD demo no México, aos dezoito anos, e pensei que tudo iria fluir como um sonho.
Bem, princesa, a vida não funciona assim.
Sempre adorei escrever e poesia e, aos dezessete anos, comecei a adicionar música às minhas letras. E meus pais me ajudaram a realizar esse sonho.
Talvez ir para a Itália me ajudasse na indústria musical.
Quem sabe?
Mas o amor assumiu um papel protagonista na minha vida e fiquei confuso e magoado.
Achei que ele era "o cara" e o que estava acontecendo era mais uma piada do universo.
Eu senti que o estava decepcionando, mas isso se transformou em um relacionamento tóxico...
Eu também estava preocupada com a minha integridade.
Ele tinha acesso às informações (ele sempre acessava meus e-mails de alguma forma), sempre sabia onde eu estava e isso me assustava.
Então, decidi ir para a Itália, recomeçar e talvez morar lá para sempre.
Finalmente contei a ele minha decisão, mas reforcei que talvez fosse um rompimento temporário.
Poderíamos usar esse tempo para refletir sobre tudo entre nós.
"Ele não desistiu sem lutar", não mesmo.
Não conversamos por alguns dias, o que era muito estranho para nós, mas depois que ele me ignorou, ele me ligou e foi me buscar. Eu precisava conversar.
O sol já havia se posto.

Quando chegamos na casa dele, passamos pela porta da frente, cumprimentei os guarda-costas armados e começou a chover torrencialmente.
Foi a noite mais escura da minha vida.
Certamente outra entidade assumiu o controle de seu corpo.
Ele não era o amor da minha vida, nem o homem que me possuía ou o dono de todos os meus sentimentos.
Estava cheio de ódio, agressão, confusão e medo.
Ele tomou duas "Caguamas" (no México é uma cerveja de 1 litro) e três doses de tequila. Ele estava fora de si.
Ele me perguntou por que eu "nos abandonei" e por que o deixei com o coração partido e sonhos acabados. Eu realmente não conseguia falar. Tudo o que pude dizer foi "sinto muito", mas isso não foi suficiente.
Um homem magoado, sensível e apaixonado começou a me insultar.
Ele me insultou com todos os nomes possíveis.
Não acredito que a família dele não o ouviu.
Ele morava com os pais e a irmã mais nova na época.
A chuva intensificou-se, agora como uma tempestade, como se respondesse à sua raiva. Eu vi outra pessoa em seus olhos.
Eu disse a ele para parar de me insultar.
Ele se levantou, me empurrou contra a parede e me deu um tapa.
Esta foi a confirmação da minha decepção.
Eu te disse que minha vida seria uma novela mexicana!
Acabou-se. Meu coração estava ferido.
Pensei comigo: bem, agora sei o que significou aquele *feeling* quando vi a casa que os pais dele compraram para nós.
Agora tudo tem sentido.

Ele sim que quebrou a nossa "aliança", a nossa "promessa".
Eu apenas olhei para ele. Ele percebeu que havia cometido um grande erro. Aquele pequeno raio de esperança, de que talvez um dia regataríamos algo da relação, desapareceu.
Percebendo o que havia feito, ele começou a chorar e a pedir desculpas.
Eu não disse nada, apenas chorei em silêncio.
Em seguida, pegou um haltere (ele também levantava pesos no quarto) e bateu contra sua própria cabeça, pedindo perdão.
"Por favor, me perdoe meu amor, eu sempre amarei você, por favor, me perdoe, eu nunca quis te machucar" então ele começou a sangrar pelo traumatismo craniano que havia causado.
Ainda estava chovendo lá fora, pra cacete.
Acho que foi por isso que ninguém ouviu a briga.
Sua cabeça tinha um ferimento aberto de uns sete centímetros de comprimento e sangue escorria pelo seu rosto, ele iria me matar ou a si mesmo, ou ambos.
Ele quase desmaiou, apoiou a cabeça nos meus ombros, eu o abracei e o apoiei, e minha camisa vermelha ficou encharcada com o sangue dele.
Que coincidência eu, vestida de vermelho...
Senti seu calor e ele "acordou" de novo, continuou chorando, pedindo perdão (estava desmaiando).
Eu disse a ele que o perdoava, mas que nunca mais o respeitaria.
Ele foi ao banheiro, tentou lavar o rosto, tentou limpar o sangue do chão do quarto, estava com uma toalha na cabeça.
"Tenho que ir para casa", eu disse a ele.
Ele me disse: "Você irá para casa quando eu disser".

Ele me fez prometer que nunca contaria a ninguém sobre aquela noite, caso contrário ele me mataria.
O diabo havia retornado.
"Deus, tenha piedade de sua alma, você está fora de si mesmo, agora estou chamando o divino em você, volte", eu disse.
Mandei uma de padre mesmo.
Ele continuou chorando e me disse que eu não merecia sofrer.

Deus ouviu minhas orações, ele se recompôs, me disse para passar normalmente pelas portas principais e pelos guarda-costas, para me levar até o carro dele, e assim fiz, enquanto me despedia daquela casa que tanto amava e na qual eu cresci, com aquela comida mexicana caseira que a mãe dele preparava para nós, aquele cheiro, aquela família que me dava tudo que podia para me fazer feliz junto com ele.
A chuva não parava de cair.
Entrei no BMW dele, ele dirigia como um psicopata, enquanto dizia "bom, se morrermos, pelo menos morreremos juntos" rindo.
Ele me deixou em casa muito enfurecido e me relembrou novamente de manter a boca fechada ou sofreria as consequências.
Eu não conseguia acreditar no que estava ouvindo.
Ele era o mesmo garoto que me amou nos bons e maus momentos?
Não contei aos meus pais o que aconteceu ou eles teriam mandado a polícia ou algo assim.
Mas eu contei para Gaby (minha melhor amiga, namorada do melhor amigo dele).

Finalmente, ela contou ao namorado, que então contou a ela, então ela descobriu...
Bem, graças a Deus ainda estou aqui.
Eu disse à minha mãe que era oficial, que tínhamos terminado e que apreciei tudo o que eles fizeram para me manter segura e que estava pronta para ir para a Europa.
Duas semanas após o incidente, e o fato de eu não ter atendido o telefone, fizeram ao doido a realizar um número de circo e escapismo.
Recebi uma ligação por volta da meia-noite, depois de um monte de mensagens sem resposta, era ele.
Ele ligou de um número desconhecido.
Morávamos em uma casa de esquina, tinha arame farpado, alarme e grades, porque nos alertaram sobre segurança, também soubemos que nosso vizinho foi sequestrado.
E antes pessoas subiam para roubar aquela casa.
Então, cercamos tudo e nossa casa parecia uma prisão.
Mas nada é impossível para o Sr. Louco.
Depois de muitas tentativas, ele me mandou uma mensagem "Estou no seu telhado, estou com saudades, por favor, me perdoe", posso ver que você está no seu quarto, abra a porta, por favor.
(Mesmo que eu quisesse, todas as janelas e portas das casas tinham grades de segurança, seria impossível fazer um ato Romeu-Julieta).
Oh, bendito Senhor! Que problema!
Eu sentia falta dele e ainda o amava, mas não conseguia responder.

Além disso, eu não conseguia dormir sabendo que esse cara estava no meu telhado. Eu também não poderia contar aos meus pais.
Eu estava irracionalmente tentando protegê-lo.
Mas ele também não queria entregá-lo à polícia.
Tínhamos um cachorro adorável chamado Schwartz, ele parecia um *Retriever*, mas completamente preto.
Ele latia sem parar no quintal.
Meu pai acordou e, claro, chamou a polícia.
Eu não iria tomar partido e não poderia colocar as mãos no fogo por ele, depois de saber do que ele poderia ser capaz.
Meu pai ficou muito preocupado, todos ouvimos os passos, então ele chamou a polícia.
Vieram as patrulhas, subiram no telhado, revistaram o interior da casa, a garagem subterrânea, todos os cantos da casa, as árvores. O quintal.
Eles não encontraram nada.
Eles partiram cerca de uma hora depois.
Falso alarme?
Não, um ex-namorado engenhoso com ótimos talentos escapistas.
Ele me contou mais tarde que passou a noite inteira embaixo da caixa d'água. E ele viu todos os movimentos da polícia que não encontrou nada.
Enquanto ria, ele disse:
"Eles são tão idiotas, eu fiquei debaixo da caixa d'água a noite toda."
"O truque do telhado" Senhoras e senhores, o artista escapista dos Bosques de La Herradura, o homem do circo!
Ele poderia trabalhar com David Cooperfield.

Estudei Comunicação e Jornalismo na Unimex, antes de ir para a Itália.

Alguns dias depois do "Truque do Teto", ele me ligou e perguntou se poderia me pegar para conversar.

Pensei duas vezes, mas aquele amor era completamente irracional de qualquer maneira, então concordei.

Vamos ver que ato bizarro seria enviado ao circo a seguir.

Ele me buscou, conversamos, ele se desculpou novamente e me disse para reconsiderar morar junto, casar.

Ele me disse que poderia me dar tudo o que eu quisesse.

Eu já conhecia as notas dessa música...

Ele estava prestes a parar na entrada da minha casa, a conversa aumentou rapidamente, ele perdeu a paciência, começou a se alterar novamente, com vários insultos, então saí do carro ainda correndo, abri a porta e pulei para fora do carro.

Eu corri. O mais rápido que pude.

Não pude entrar em casa porque isso ia gerar conflito, então apenas corri.

Parecia que suas desculpas não significavam porra nenhuma e ele seria agressivo e instável o tempo todo, então por que continuar tentando?

Minha mãe já estava me ligando no celular, perguntando se estava tudo bem e se eu iria almoçar.

Eu disse a ela enquanto corria que chegaria um pouco mais tarde.

Atravessei a rua e peguei uma Kombi (o transporte mais famoso de lá), então ele começou a perseguir a Kombi e todos os passageiros lá dentro olharam para mim enquanto eu tentava me esconder, caindo quase totalmente horizontal no chão. Então ele não podia me ver pelas janelas.

Ele continuou perseguindo a porra da Kombi até o destino final, então peguei outra de volta e ele me perdeu de vista.

(Ele provavelmente sabia exatamente a minha proximidade, como sempre sabia.)

Três semanas depois, peguei um avião para a Itália.

Ci vediamo dopo ragazzo pazzo!

MÉXICO → ITÁLIA

LA DOLCE VITA... (*me sta scherzando*).

Que filme romântico não termina na Toscana?
Foi um vôo longo e o *jet lag* tava bombando.
Minha mãe e eu voamos da Cidade do México para Milão e depois pegamos um vôo de conexão para Florença.
Eu estava exausta.
Fomos direto para o apartamento onde eu iria ficar e a moça encarregada de abrir a porta não estava lá.
A cidade de Florença exala beleza, com edifícios antigos com grandes portas e grandes chaves.
Se você não tem ninguém para abrir a porta para você, ou uma chave, você dorme fora.
Tivemos que fazer muitos telefonemas, falamos com a proprietária, quase três horas depois conseguimos fazer o check-in com a concierge, pegamos chaves adicionais e entramos.
É como a maioria dos edifícios da Europa, muito antigos, sem elevadores.
Mas cheio de esplendor histórico.
Cheirava a mármore, madeira, com uma linda escadaria, estilo neoclássico com algumas portas, janelas e cantos decorados em estilo *Art Nouveau*.
Sempre estava fresco dentro do prédio.
Lembro que minha mãe não parava de conversar com a dona, uma senhora muito gentil, e eu estava tão cansada que nem

tomei banho nem escovei os dentes, apenas caí morta na cama. Ainda com a roupa de "aeroporto".
E claro, acordei às 3h da manhã com *jet lag*!
No dia seguinte, a primeira coisa que fizemos foi tomar um famoso café ristretto italiano, um *flatbread* e um sorvete.
Depois fomos para o instituto italiano onde eu iria estudar o resto do ano.
Meu pai veio no dia seguinte e ficou conosco por uma semana, depois foi para a Alemanha visitar nossos parentes.
Uau! Eu não podia acreditar.
Estive na capital da arte e do renascimento da Itália, um dos destinos turísticos mais famosos.
Estava rodeada de arte: Da Vinci, Boticelli, Michelangelo, Vasari, Fra Angelico, Giotto, Brunelleschi...
Dante Alighieri, o escritor favorito da cidade...
Passeamos pela Piazza della Repubblica, visitamos os palácios da família Medici, o Giardino di Boboli, a Ponte Vecchio sobre o rio Arno, aquela que Puccini mencionou na sua canção "O mio babbino Caro".
Eu disse "Ciao" para todos.
Rapidamente aprendi o sotaque florentino.
A cidade inteira cheirava a sorvete, bolos frescos e café.
Eu estava respirando um sonho!
O clima estava lindo, ensolarado e ventoso na maior parte do tempo.
Meus pais foram embora e eu estava voando sozinha pela primeira vez na vida.
Meus colegas no curso de italiano eram de tudo quanto era lugar: Polônia, Japão, Alemanha, China, Brasil, França, Croácia, México, Portugal, Grécia, Espanha.

Aprendi muito com todos eles.
Tínhamos um grupo grande de padres jovens da Polônia, eles eram incrivelmente bonitos e amigáveis.
Ensinei-lhes palavrões em português.
Eles gostam de mim.
Eles me ensinaram palavrões em polonês.
O intercâmbio cultural, você já sabe.
Eu era péssima em administrar finanças, elas simplesmente saíram do meu controle.
Sempre gastei muito comprando presentes para todos. Como fragrâncias, roupas, música, etc.
Tive muitos problemas de ansiedade, então corria 5 km todos os dias, mas comia Nutella como uma desvairada.
Antes de iniciar o curso, e quando meus pais partiram, minha mãe e eu fomos à Alemanha visitar meu padrinho que morava em Rothenburg ob der Tauber, uma cidade muito turística a uma hora e meia de Munique.
Lá conheci um garoto de quem gostei.
Isso me fez esquecer meu drama anterior.
Seus olhos brilhavam de amor e ternura.
Não aconteceu nada, mas meu padrinho nos apresentou, conversamos um pouco. Continuamos conversando à distância.
Mais tarde ele me visitou em Florença, então iniciamos um novo relacionamento.
Eu ainda tinha cicatrizes para curar em meu coração, no entanto.
Não era como o meu ex, com todas as loucuras, dramas e ameaças, era um relacionamento pacífico, bom, respeitoso e pé no chão.
Ele era bom, mas bom demais.

Ele era o namorado perfeito, um homem trabalhador, bonito, inteligente, independente, um bom exemplo, vinha de uma família nobre e mesmo assim não tínhamos muita conexão, e simplesmente não havia química.
Talvez perfeito demais para mim.
Talvez eu esteja acostumada com o caos?
Fui visita-lo em Munique e Rothenburg, onde viveu a maior parte do tempo.
Ele tem sangue azul, faz parte da monarquia do sul da Alemanha, seus parentes ainda viviam em castelos.

Eu tinha sentimentos verdadeiros por ele, respeito e admiração. Somos amigos até hoje. Ele agora está casado.
Mora em Berlim.
Talvez eu possa encontrar o amor novamente e fazer algo com a minha vida. Tive que aprender um novo idioma, ser responsável, pagar as contas e tentar NÃO me meter em encrencas.
No final, nosso relacionamento desvaneceu...
Continuei verificando meus e-mails, mas o que iria mudar?
Por que voltar ao passado?

Eu ainda queria saber sobre meu ex.

Mas, por que?

TEMPORADA FINAL DA ITÁLIA

Continuei vivendo minha vida e terminei meu curso de italiano.
E meu pai me ligou para dizer que minha mãe foi diagnosticada com depressão clínica. Não dormia nem comia.
Eu precisava voltar o antes possível e ajudar.
Mais tarde ela me disse que, como não pode se comunicar comigo no dia do meu aniversário, quando eu dei uma escapadinha para a Alemanha para passar meu aniversário com o meu novo namorado e amigos em Rothenburg, foi a última gota.
Eu tinha sinal, mas não havia créditos, e também eu não queria levar uma lavada no dia do meu aniversário.
Não poderia dizer que estava fora do país, porque meus pais me proibiram viajar e que só deveria tentar me concentrar no curso de italiano.
Mas neste momento eu tive que escolher a paz.
Eu lembro que levei pra Itália um teclado pequeno com alguns ritmos e sons de sintetizador. Não encontrei outra universidade que me interessasse.
Florência era linda, mas para um tipo de arte diferente. Depois de um tempo, foi mais do mesmo.
Pintores, escultores, chefs, artistas plásticos, bom para essa turma da arte.
Não tinha estrutura em termos de TV, cinema, rádio ou qualquer coisa com meu *métier*, isso seria em Roma na Cinecittà.
Um dia me animei a tocar na Piazza della Reppublica.

Peguei meu teclado e comecei a tocar.
E pus um potinho para as gorjetas, grandes esperanças...
Três músicas depois, os Carabinieri (polícia local) vieram me expulsar.
Eu não podia tocar lá, e eles me disseram que se eu quisesse tocar em público com frequência, eu precisava de uma licença especial do município, e eles me designariam uma área de sua escolha, porque aquele local já estava reservado.
Havia tantos outros músicos talentosos tocando nas proximidades (eles pediram a tal da licença, me disseram que às vezes levaria meses para que tocassem em público e em áreas designadas, um baita negócio).
Artistas romenos tocavam clarinete, violinos, acordeão, violão, violoncelos. Foram muitos.
Lindo de ver, mas assim como me expulsaram do Conservatório no México, fizeram isso também lá na Itália.
Música não era para mim, né?
Talvez não na Itália.
Mas vou me lembrar desse episódio da minha vida para sempre...
Eu estava pronta para entrar no ônibus e ir para o centro.
Já os vi em algum lugar antes, dois músicos romenos vagando pela cidade.
Eles entraram no ônibus de forma muito descuidada e rápida.
Ela tinha um acordeão, ele um violão.
A gente com certeza já tinha se conhecido espiritualmente antes.
Senti uma afinidade espiritual muito forte.
Com as esperanças um pouco fracas, pensando que não tinha conseguido muito na Itália, etc. Esse momento foi especial.

O ar condicionado do ônibus estava gelado.
Sorri para eles, enquanto eu estava na última fila do ônibus.
Eles entraram e vieram até mim como um ímã, falei com eles por alguns minutos, disse que era compositora, que tocava piano, cantava, etc.
O ônibus começou a encher e logo depois partimos.
Falei para ele me dar um lá menor, fá, dó e sol, então comecei a cantar "I Will Love Again" da Lara Fabian, ganhei confiança e cantei mais alto, todos os passageiros olharam para trás, alguns com seus celulares ou turistas com câmeras, cantei a música inteira e todos aplaudiram.
Como se fosse uma excursão divertida.
Sim, fiz um show no ônibus, sem ser expulsa.

O meu GRAN FINALE no FINAL DE TEMPORADA da Itália.

Foi um momento precioso que ficará para sempre no meu coração.

Nunca mais os vi e pouco depois fui embora.

ITÁLIA→ MÉXICO

Durante seis meses, meu ex e eu continuamos nos comunicando, eu falei pra ele que a Itália não tinha funcionado muito pra mim.
Ele me pediu para voltar para ele.
Eu não sabia se um milagre havia ocorrido em seu coração.
Na mesma época, meu pai me informou que havia recebido uma carta de promoção do trabalho, mas em Buenos Aires, Argentina.
O que eu poderia escolher?
Morar junto com o "artista fugitivo do circo", arriscar a vida, ter tudo o que eu poderia pedir?
Ou recomeçar em outro país, mais uma experiência emocionante com a estabilidade, o amor e o apoio da minha família…
Acredite ou não, eu ainda estava considerando as duas opções.
Mas minha mãe também precisava de mim, meu pai ia trabalhar ainda mais em Buenos Aires e eu ia recomeçar a universidade lá.
Tínhamos exatos trinta dias para arrumar nossas coisas, nossos sonhos, nossa história e partiríamos novamente.
Ao desconhecido.

Minha mãe estava tomando medicamentos fortes para poder dormir e fazer as coisas "normalmente" enquanto isso.

A depressão a atingiu com força.

Voei de Florença, depois de Roma e novamente da Cidade do México.

Será que o México me surpreenderia novamente?

E SE A GENTE NUNCA TIVESSE FECHADO O CICLO?

"Tira o band-aid, mas seja rápido".

No meio de organizar infinitas torres de caixas, ter sete caras dentro de nossa casa arrumando tudo que era possível, meu coração ainda doía, mas sentia falta do meu ex.
O futuro era incerto, eu estava muito ansiosa, preocupada com minha mãe, com meu ex e claro pensando demais, *overthinking* tudo.
Ele me ligou e perguntou se poderíamos nos encontrar.
Perguntei ao meu pai se ele poderia me levar para ver.
Ele negou rotundamente.
Ele sabia o que tinha passado, e mais depois do "Truque do Teto" eu já não dava pra confiar muito nele.
Minha mãe concordou em me levar para vê-lo. Ela estava no meu time.
Assim que chegamos, o vimos. Ele veio e cumprimentou minha mãe, com todo o amor que tinha por ela.
Meu coração batia a mil *bpm* por minuto. Eu estava hiperventilando.
Saí do carro.
Enquanto caminhava com ele, não conseguia nem respirar, quase desmaiei. Foi uma mistura de ansiedade, paixão, amor e medo (esperando que isso não me matasse).
Era uma tarde quente, mas com uma brisa agradável.
O mirante era lindo.
Estávamos conversando na escada.

Nós nos abraçamos. Ele chorou muito em silêncio.
Ele me abraçou cada vez mais forte.
Então nós dois choramos. As palavras não eram necessárias.
Nós nos beijamos, nos abraçamos.
Para mim ele significava conforto e amor.
Mesmo depois do que aconteceu.
Ele se desculpou por tudo.
Ele me disse que foi para o Canadá tentar aprender francês, como eu fiz antes, e não gostou, então voltou para casa.
Ele me disse que quebrou seu outro BMW e comprou outro.
A PAZ TAMBÉM NUNCA FOI UMA OPÇÃO PARA ELE.
Ele nunca conseguia ficar parado.
Ela molhou minha camisa com as lágrimas.
Ele colocou a cabeça no meu colo como uma criança, eu adorei isso nele, enquanto ele abraçava minhas pernas, me acariciava, eu sentia seu amor autêntico.
"Você é a mulher da minha vida, não importa onde você esteja, estou a apenas um telefonema de distância. Você me salvou e eu lhe devo uma. Me avisa e eu vou te buscar onde seja."
Ele disse isso chorando de joelhos.
Eu disse a ele que estava muito magoado e que precisava de mais tempo para pensar nas coisas.
Eu tinha um novo começo pela frente e tudo na minha vida era incerto e eu não sentia que estava em pé com ele.
Nós mudamos para a Argentina (eu e meus pais).
Cerca de seis meses depois, eu estava indo para a faculdade novamente (tive que recomeçar, porque não validaram alguns créditos da minha faculdade anterior no México), nos instalamos em um apartamento e depois nos mudamos para nossa casa permanente.

Saímos de férias com meus pais para a Bahia, Brasil, para relaxar e descontrair, porque a mudança foi muito estressante. Foi um começo difícil para todos.
Minha mãe com sua depressão, meu pai com seu novo cargo, muito trabalho e todo o estresse que isso acarreta, e eu com minha ansiedade, dúvidas, drama e mudança.
À noite, desci para o hotel, sentei-me na área de informática do saguão e verifiquei meus e-mails.
A irmã do meu ex me enviou um e-mail. Foi estranho.
"Chela, meu irmão faleceu há três dias." (Chela é como me chamam no México).
Eu imediatamente congelei.
Senti uma sensação de queimação e frio subindo pela minha espinha dorsal.
Eu não pude acreditar.
Talvez tenha sido uma piada de mau gosto ou ele estava fingindo ser sua irmã só para tentar me testar, já que ela já havia usado o e-mail da irmã algumas vezes antes.
As piadas pesadas eram seu ponto forte.
Como eu poderia saber se era verdade ou não?
De qualquer forma, respondi a Nena (como a gente a chamava), com todas as minhas palavras sinceras, que não conseguia acreditar.
Eu tinha muitas dúvidas, mas meu coração e sentimentos estavam com a família dele.
Assim que pudesse, ligaria para eles.
E se nunca tivéssemos fechado o ciclo?
Graças a Deus, minha mãe me ajudou a fechar o ciclo naquele dia.

Sob esse ponto de vista, dissemos tudo o que precisávamos saber e nos abrimos um para o outro.
Ele precisava se desculpar.
Ele sabia que não poderia suportar o remorso e a culpa.

Foi a última vez que conversamos.
Outros três dias se passaram.
Recebi outro e-mail de outra amiga que estudou na mesma universidade que ele. Ela me contou que ele havia falecido.
Ela não tinha absolutamente nenhuma ligação com ele e sua família, apenas conhecidos da faculdade.
Então não foi uma piada de mau gosto.
Assim que pude, liguei para a casa dele e falei com a mãe dele, uma mulher adorável que amo até hoje.
Mal conseguia falar, chorava continuamente, mas a voz de sua mãe era estável, forte, intacta. Não se quebrou nenhuma vez.
Ela era uma mulher forte que acabava de perder um filho, que poderia ter tudo e um futuro brilhante, se não sofresse de transtorno bipolar ou tivesse uma alma em conflito.
Então entendi porque ela estava tão segura de seu tom, ela conhecia o filho.
Eu disse a ela o quanto amava ela e sua família, e que eles sempre seriam minha família mexicana, e ela me disse que sempre que eu quisesse, teria minha casa lá e seria sempre bem-vinda.
Perguntei-lhe detalhes sobre sua morte e ela me respondeu com calma.
"Escute, Chela, ele viveu como quis e morreu como quis."
"Mal conseguíamos controlar seus instintos. Ele era impulsivo. Tudo o que queria ele fazia."

"Mas como? Ele sofreu?", perguntei.

"Não, era aniversário do melhor amigo dele" (namorado de Gaby).

Eles comemoraram em seu rancho e no ring dos cavalos.

Ele estava bêbado e queria montar o Renegado, o cavalo favorito de sua irmã.

Todos tentaram impedi-lo, mas ele continuou.

Ele andou sem sela, mas já bêbado.

O cavalo empinou e caiu em cima dele, quebrando-lhe imediatamente o pescoço.

"Quando a ambulância chegou já estava frio, Chela", disse a mãe.

"Ele morreu instantaneamente."

Para responder à minha pergunta, a mãe dele me disse com calma que a morte dele foi exatamente como ele queria, ele estava muito sedado e aconteceu rapidamente.

Foi assim que foi, e que Deus o tenha em sua Glória.

MÉXICO → ARGENTINA

DE "QUE ONDA GÜEY À CHE BOLUDO"

Comecei a frequentar a escola, me adaptando a um novo espanhol, um castelhano, muito diferente do mexicano.
Eu amei a Argentina de todo o coração.
Mas o começo também foi muito difícil.
No inverno também fazia muito frio.
E culturalmente foi um choque.
Mas logo adotei o hábito de tomar mate com meus amigos na faculdade.
E Fernet às vezes à noite...
Até hoje tomo mate.
Na verdade, estou tomando mate agora mesmo, enquanto escrevo estas linhas.
Cada vez que uma pessoa nova me encontrava na rua, no trem, me perguntava de onde era, e quando eu dizia Brasil, começavam a falar do Pelé contra o Maradona, a fazer qualquer desentendimento sobre futebol, no começo foi engraçado, mas começou a ficar chato, então comecei a dizer que era da Rússia e que meu pai trabalhava na KGB e agora tinha um business meio sinistro, então as pessoas evitavam falar comigo.
Eu pegava o TBA (Trem de Buenos Aires) para a escola quase todos os dias. Os trens estavam sempre lotados e, depois de percorrer sete estações como sardinhas em lata, caminhava mais oito quarteirões todos os dias até a Universidade de Belgrano.

E fazia muito frio.

Fiz bons amigos na faculdade.

Minha maneira de falar, de me vestir e de me comportar ainda era muito diferente da das argentinas.

GRAZI, A *MISFIT* (a ovelha negra), ATACA DE NOVO.

Eram muito altas, magras, comportavam-se bonitinhas, mal comiam e, como a maioria dos portenhos, também fumavam muito.

Não demorei muito para causar agitação no campus, como brincar de "Cavalinho" com meu melhor amigo Matías...

O diretor de carreira olhou pra gente (estávamos rindo e fazendo palhaçadas, como sempre) e fez uma cara séria e transformada.

"Isso é inapropriado." Eu desci das costas do Mati.

Nós olhamos um para o outro.

Silêncio (enquanto a gente quase explodia da vontade de rir).

Então fizemos cara de cachorrinho molhado e pedimos desculpas.

Mas continuamos fazendo travessuras ao longo da história...

Nossa, fizemos tudo juntos... Mil aventuras.

Dançar nos becos, matar aula de um professor de quem não gostávamos, ir a um spa e nos bronzear enquanto contávamos meus pais que íamos fazer cópias de livros, ou que íamos "ir à biblioteca".

Jero era outro amigo querido que sempre fazia um efeito sonoro ou trilha sonora para cada momento da aula.

Um palhaço incrível. A alma da festa.

Eu era "gorda" para o padrão argentino, meu Deus, todos são magros. Diziam que minha bunda era muito grande.

Assim como no colegial no México.

No México, faziam *bullying* por causa da minha bunda.
Gente do céu, faça-me o favor!
É incrível como as meninas não comem na Argentina. É uma loucura.
Como podem viver assim?
Ao contrário das brasileiras, comemos muito, mas fazemos muito exercício e não nos importamos com a celulite, vamos à praia com o nosso característico biquíni brasileiro.
É um lance cultural.
De fato, elas me contaram seus segredos, como se pode ser magra sem "sofrer" muito...
Tomavam mate durante a maior parte do dia (a erva mate é conhecida como um supressor natural do apetite, te da energia, e ajuda a desintoxicar o sistema) depois comiam um iogurte ou uma empanada ao meio-dia, ou uma quiche ou alguma coisa parecida com uma proteína com salada, fumavam a maior parte do dia, para não sentirem fome depois.
Aí tomavam um suco ou *smoothie* à noite e depois às 8 da noite tomavam um comprimido de Clonazepam (Rivotril) para suprimir a ansiedade e ajudar a dormir.
Dessa forma, não sentiriam fome durante a noite e dormiriam mais cedo e com mais tranquilidade, sem nenhum nervosismo relacionado à fome.
Foi um pouco chocante, mas me adaptei ao time das "magras"... talvez eu entrei bem na dieta delas em algum momento. Embora eu sempre tenha gostado de comer.
Como diz o ditado:
"Tenho uma condição que me impede de perder peso... tenho fome".

Fiz novos amigos nas outras carreiras da faculdade, engenharia, arquitetura, artes, etc.
Sempre adorei fazer novos amigos.
Buenos Aires parecia mais amigável e estávamos nos acomodando depois que nosso contêiner com todas as nossas coisas chegou.
Moramos alguns meses em San Isidro em um apartamento, depois nos mudamos para La Lucila, a cerca de cinco minutos da mansão presidencial.
Nossos primeiros projetos na universidade começaram a se concretizar.
Eu estava absolutamente apaixonada por cinema.
Todos nós tínhamos grandes esperanças no *métier*.
Criamos uns projetos meios de merda e depois muito bons.
É incrível quando colegas, com o mesmo interesse, podem ajudar uns aos outros a criar, desenvolver e moldar projetos incríveis.
Admiro todos os meus colegas da nossa geração.
No início nos odiávamos, éramos competitivos e constantemente nos importunávamos com comentários e sarcasmos, mas no final nos tornamos mais próximos.
De 35 alunos no primeiro ano, e acabamos sendo 11 no último, e depois nos formamos.
E eu sempre me oferecia para ficar na frente das câmeras, porque adoro atuar.
Eu sou leonina, né?
(Ficamos felizes com os aplausos e a atenção).
E depois que tivemos a aula de direção de ator, me apaixonei pela direção. Definitivamente meu papel favorito da carreira (que abrange produção e direção de televisão, cinema e rádio).

Eu adorava adicionar música aos nossos projetos de faculdade. Sempre estava criando.
Lembro que meu primeiro software foi Sony Soundforge e Vegas.

Foi nessa época que o programa de *beats* "Fruity Loops" também era muito famoso e entretido. Muito divertido.

Depois passamos para o Pro Tools, Logic Pro e testamos novos plug-ins.

AULAS E CORTINAS DE FUMAÇA

Você quer fumar? Isso ajuda você a se concentrar melhor.
A Argentina é uma mistura de culturas europeias, principalmente italiana, alemã, espanhola e algumas nativas.
Eles também herdaram dos italianos o hábito de "fumar" como parte de sua cultura.
Apenas Paris e Madrid "empatariam" com o hábito de fumar.
Você sabe, estilo lareira.
A cada intervalo que tínhamos entre as aulas, dependendo do professor, todos iam para um canto próximo à escada que dava para o segundo andar, e tínhamos aproximadamente 20 pessoas fumando ao mesmo tempo.
(Na maioria das vezes estava muito frio ou muito longe para ir ao pátio ou ao ar livre.)
Pelo lado positivo, parecia que a gente estava numa boate.
Além disso, ninguém notaria se alguém peidasse.
Há sempre um lado positivo em tudo...
Fumavam em todo lugar, me dava dor de cabeça.
Não é que eu não tenha fumado antes, fumei, no México com meu ex-namorado e na universidade, mas a nuvem cúmulo-nimbus continuou a se formar.
Tínhamos um professor que tinha um ritual: pegava a garrafa térmica, preparava o seu chimarrão e despejava a água.
Depois acendia o cigarro mais fedorento que existia e dizia ao assistente para abrir a janela.
Todos reclamaram em uníssono:
"Nãooo, o cigarro fedorento, não!"

A gente adorava aquele cara, ele foi o professor mais real, direto e sarcástico que nos ensinou as ferramentas mais importantes para sermos bons jornalistas multimídia, *multi-skilled journalists.*
Ele era o mais real possível.
Ele tinha informações privilegiadas na mídia global.
Ele era um jornalista muito conhecido.
Chamávamos ele pelo sobrenome "Gómez".
Os restantes colegas dirigiram-se para a zona designada (sim, designada por eles) e "pegar um pouco de ar fresco de NICOTINA nos intervalos das aulas", a fumaça chegava à sala de aula, e fumavam até na área da direção, ou seja, não tinha como escapar.
Depois de um mês de "aulas de fumaça", procurei o diretor assistente de prova, Walter, que também era fumante turbo, e pedi a ele que mandasse o pessoal parar de fumar.
Ele me delatou, disse a todos que deveriam "parar com isso" porque havia alguém que não estava gostando.
Então claro que eu fiquei como uma idiota.
Era óbvio que o comentário não poderia ter vindo dele, porque ele era o maior fumante da facu, também fumava no escritório e não dava a mínima.
Eles zombavam de mim dizendo "Coitada, pare de fumar, por favor" (coitadinha, pare de fumar) num tom sarcástico de "boneca/princesa".
"Se não pode vencê-los, junte-se a eles".

Se eu ia ser uma fumante passiva, então melhor eu fumar direto de uma vez, e problema resolvido.

Voltei a fumar.

À medida que fui me integrando ao grupo, passando do sotaque mexicano para o argentino e perdendo um pouco de peso, me senti mais "integrada" e assim fiz parte da festa do fumo.

Eles me convidaram para algumas festas organizadas pelos meus colegas, Mati e eu garantimos diversão.

PUFF PUFF, INTEGRE-SE!

OS MÚSICOS EXPLORADORES

Tenho muita sorte de ter pais divertidos que adoram viajar tanto quanto eu, por isso estávamos sempre pensando em viajar para algum lugar.
Começamos a viajar pela Argentina, descobrindo novas paisagens.
Fomos até as "fontes termais" de Entrerríos, estado que tinha várias fontes termais, e ficamos em um resort.
Fiz muitas amigas, eram senhoras mais velhas, na faixa dos sessenta e setenta anos, me juntei a elas, tomando chimarrão o dia todo na piscina, e mais tarde naquela noite me levaram ao cassino e nos divertimos muito!
Elas fumavam como chaminés, e eu também, por tabela! Continuaram me dando dinheiro para que eu pudesse jogar caça-níqueis e outros jogos. Eu me senti como uma criança mimada. Muito divertido!
Fomos para a Patagônia, atravessando o país de carro, conhecendo lugares incríveis, íamos regularmente a Mendoza, para reuniões do meu pai e em busca de aventuras de ski.
Mendoza é a capital do vinho da Argentina, uma bela cidade montanhosa, famosa por suas vinícolas, estações de ski, trilhas naturais e gente calorosa.
Mendoza também é um local muito utilizado para a filmagem de filmes.
Além disso, papai sempre adorou esquiar, então estávamos sempre procurando neve, clima adequado e montanhas.
Passamos por Neuquén, General Roca, San Martín de Los Andes, Villa la Angostura, Siete Lagos, Trelew, Bariloche,

trilhamos grande parte da rota patagônica, exceto "La Tierra de Fuego" Ushuaia.

Acho que meu pai já foi.

Parecia a Europa, aquelas montanhas cheias de neve, rios eternos de águas cristalinas com lindos seixos, e uma vegetação incrível, muitas árvores de rosa-mosqueta por todas as partes.

Sempre quis fazer música, mas meus pais continuamente me disseram que eu tinha que estudar, pois eu era muito aérea, e nunca foquei em planejar ou ganhar dinheiro (acho que não mudei muito até hoje).

Tive alguns problemas na escola também, acho que o diretor do curso nunca gostou de mim.

Desde o evento "Cavalinho" com o Mati.

Buenos Aires respira nostalgia, com aquele ar de Tango, os antigos cafés do centro, Palermo, Recoleta, Caminito, Puerto Madero, Tigre, é magnetizante... os estádios de futebol, a vida noturna, os eventos.

A cidade respira romantismo e melancolia.

É um local muito náutico também, a maioria das pessoas possui barcos e pratica esportes náuticos como esqui aquático, kitesurf, caiaque e vela.

Calle Florida, Nueve de Julio, os shopping centers eram lindos e surpreendentes.

Uma vez fomos para "Los Penitentes" que ficava bem perto da fronteira com o Chile, claro para o papai esquiar.

Nos instalamos no hotel onde estavam seus outros amigos de ski.

A piscina lá fora estava congelada.

Você poderia patinar no gelo nela se quisesse.

E todos os carros lá fora tinham um metro de neve encima deles.
Só de olhar para fora o rabo congelava.
Lembro-me de minha mãe se enfiando nos edredons da cama e dizendo "NÃO vou sair daqui até que tenhamos que sair".
Enfrentamos três dias de tempestade de neve, só no segundo dia o sol apareceu, e eu estava tirando fotos da mamãe no terraço com as estalactites de gelo caindo do teto, estávamos no último andar.
Você poderia chupá-los, como sorvete fresco.
Só de olhar para eles já dá vontade de lambê-los!
Só tome cuidado com a língua, ela vai grudar.
Foi muito divertido, fui esquiar com o papai algumas vezes.
Porém, ele é um profissional, foi instrutor na juventude.
Comecei pela área infantil e pelas descidas suaves para me familiarizar.
A verdade é que adorei, mas é um esporte muito complicado, com muita roupa, acessórios, tudo é muito volumoso.
Depois que me senti mais confortável, fomos para a ladeira "Black Diamond" (a mais profissional de todas).
Onde meu pai pertencia. Deus nos ajude!
Papai estava fluindo e girando, fazendo seus saltos e movimentos elegantes, e eu não conseguia acompanhá-lo, era tão íngreme que fiquei com um pouco de medo.
Fiquei meio estancada no meio da ladeira.
Todos os esquiadores profissionais passavam por mim voando e gritando "Saia do caminho! Saia da frente!"
Puta que pariu.
Reuni a coragem necessária, queria provar que eu conseguia, então gerei impulso, conforme a velocidade aumentou, fiquei

quase perto dele, bom, voei ao lado dele e claro que perdi o controle, não consegui frear.

Ele ensinou a frear em forma de V, então em vez de V, fechando minhas pernas, de alguma forma minhas pernas seguiram seus próprios caminhos na vida, uma foi parar na Austrália e a outra no Canadá.

Era um V invertido, com as pernas bem abertas, e caí de cara no chão. Agora imagine a cena em câmera lenta e os esquis voando das minhas botas de esqui, chapéu, óculos de proteção, uma queda épica.

Você acredita que não senti a queda?

Talvez porque eu já estivesse congelada, minhas luvas eram uma merda e todo o gelo atravessou o material, e minhas mãos e nariz estavam molhados e congelados de qualquer maneira, já estavam com queimaduras de frio, *frostbite*.

Sabe quando você assiste desenhos animados e de repente Tom, enquanto persegue Jerry, não vê uma parede de vidro? Então, BAM! Fui eu. Eu nem sequer me mexi.

Papai desceu graciosamente e me ajudou a levantar.

Meu nariz estava sangrando. (Isso aconteceu um ano antes de eu quebrar meu nariz, sério mano).

Foi o dia todo... e essas foram nossas últimas voltas...

À noite, fomos a um restaurante encantador, de pedra, madeira e vidro, estilo medieval alemão, com vinhas por todo o lado.

Eles tinham todos os tipos de cervejas artesanais.

Mmm... CERVEJAS.

A minha preferida foi a de framboesa.

Pedi cogumelos refogados com legumes, batatas e torta caseira de frutas vermelhas. Tudo estava delicioso e fresco.

A herança italiana na Argentina é muito forte.

Buenos Aires tem a maior concentração de italianos depois da Itália (São Paulo está em segundo lugar).

As massas, os bifes, os *gelatos*, além das incríveis quiches, laticínios frescos e doces são de morrer.

Do meu ponto de vista penso que a cidade é uma mistura entre Paris e Madrid, e os quiosques (bancas de revistas e jornais) estão instalados exatamente como em Madrid.

A arquitetura, o layout e o design da cidade são extremamente semelhantes aos de Madrid, incluindo a mistura de museus.

Foi uma cidade rica desde seus começos.

Você já esteve na Argentina? Pois deve ir!

Compartilhe suas ideias comigo.
@grazicall

Me manda um e-mail para ficarmos em contato.
graziella@grazimusic.com

DE TAREFA UNIVERSITÁRIA A SEQUESTRO

Uma das minhas tarefas da faculdade era assistir e analisar o filme *"Paris Je t'aime"*, então pedi para minha mãe me acompanhar ao cinema, pois não tinha mais tempo e precisava entregar a tarefa na manhã seguinte.
Os ingressos estavam esgotados e a próxima sessão seria apenas à noite.

O filme começou às 21h30, então esperamos para entrar.
Assistimos e saímos do shopping por volta da meia-noite.
Então saímos do cinema e passamos pelas portas do shopping.
Estava chovendo torrencialmente, olhamos para os dois lados e começamos a caminhar rapidamente em direção à pick-up da minha mãe.
Não tínhamos ideia de que estávamos sendo seguidas.
Mais tarde, descobrimos que eles estavam nos observando por um tempo.
(Talvez por um mês, de acordo com algumas pistas da polícia, depois).
Ainda estava chovendo, lembro que estávamos discutindo sobre alguma merda e continuamos andando mais rápido para chegar ao carro. Eles estavam seguindo a gente e dois homens com armas carregadas rapidamente se aproximaram de nós.
Era o carro dos seus sonhos da minha mãe, uma *pick-up*, e só a teve por seis meses.
Nos disseram para ficarmos quietas e seguirmos as ordens que nos disseram.

Minha mãe estava na frente, foi empurrada e cotovelada, e o cara que dirigia estava com a arma apontada para a cabeça dela o tempo todo.

O cara atrás comigo era alto, tinha olhos diabólicos e um hálito extremamente fedorento, ele estava definitivamente sob efeito de cocaína, parecia desesperado e nervoso.

Aí eles começaram a nos fazer perguntas e nós dissemos que éramos brasileiras e que estávamos apenas de visita, que o carro era emprestado, etc.

Eles não acreditaram muito, mas concordaram.

Senti uma paz no coração, aquela sensação de "deixar ir" e deixei tudo nas mãos de Deus, isso só me lembrou de todas essas situações de risco de vida que passei.

Foi algo que eu escolhi?

Era um padrão que estava atraindo?

Perguntei a ele para onde eles estavam nos levando. Ele me disse para calar a boca ou ele me mataria.

Ele engatilhou a arma. Fiquei em silêncio.

Eles continuaram dirigindo, enquanto conversavam com outros membros da equipe para consolidar outro roubo/sequestro próximo.

Foi como um evento 3 em 1.

Mandei a mesma técnica da minha mãe, quando ela abaixou a arma da cabeça do meu pai no assalto no México, e eu baixei a arma da minha cabeça, enquanto tocava o rosto do indivíduo "Está tudo bem, vai dar tudo certo."

Ou seja, fui carinhosa com ele e suavizei o comportamento do criminal e depois disso ele se acalmou.

Acredite ou não, o cara não levantou mais a arma e parou de gritar.

Eles estavam esperando que outro "técnico" verificasse os dispositivos de rastreamento e nos mandaram parar.
Eles chegaram e demoraram uma eternidade, escanearam nossa pick-up com seus equipamentos.
Os novos indivíduos que chegaram finalmente encontraram os dois dispositivos "Lo Jack" que tínhamos instalado na pick-up.
Eles nos levaram para outro carro, um *hatchback*, com outros caras recentemente sequestrados. Esperando o sinal verde dos outros filhos de uma égua para nos deixar ir, depois de tirar os Lo Jacks.
Ficamos muito tempo perambulando pelo Aeroparque (aeroporto doméstico de Buenos Aires).
Mais de 2 horas dessa diversão!
Depois que eles "nos deixaram em paz", eles nos deixaram ir, nos disseram para nos despedirmos quando saíamos do carro, para que as pessoas pensassem que éramos amigos.
Isso aconteceu por volta das 2 e meia da manhã, meu pai estava dormindo profundamente em casa e não tinha ideia do que estava acontecendo.
E ainda chovia, poucos veículos na estrada.
Foi uma experiência sombria e profunda.
Os criminosos nos lembraram que tinham os nossos documentos, que sabiam onde morávamos e que se chamássemos a polícia "teríamos problemas" ...
Eles iriam nos seguir em todos os momentos e se fugíssemos, bom, a mesma ameaça... Eles iriam nos matar.
Saímos do carro, devagar, nos despedimos dos nossos "amiguinhos filhos da puta" e estávamos com água até os joelhos, a chuva não parou um segundo, e não tínhamos ideia de onde estávamos, sabíamos que era em algum lugar da

rodovia "Panamericana", para onde levam todos os veículos sequestrados de Buenos Aires até Assunção, capital do Paraguai, para depois revendê-los.
Foi o que a polícia nos contou mais tarde.
Esse é o seu esquema e rota habituais.
Sem carteiras, sem telefone, sem carro, o dinheiro desapareceu. Começamos a procurar alguém no meio daquela rodovia, no escuro e na chuva.
Caminhamos a maior parte do tempo debaixo d'água praticamente, uns três quarteirões, assim que conseguimos sair da rodovia, encontramos um anjo, um cara que trabalhava em um posto de gasolina 24 horas, chamamos a polícia, e os policiais vieram rapidamente e nos levaram para a delegacia.
Não posso acreditar nas perguntas idiotas que eles faziam.
No momento em que os "Lo Jacks" foram roubados, isso deveria ter enviado um sinal ao quartel-general, deveriam ter enviado helicópteros ou carros imediatamente... para onde estava o "último local conhecido".

Mas também não aconteceu nada.

Em vez disso, os policiais não ativaram o pessoal da Lo Jack imediatamente para ver onde o carro estava, eles continuaram nos "cozinhando em fogo baixo", fazendo todo tipo de perguntas estúpidas.

"Que cor de jaqueta ele usava? "Qual era a altura dele?"

Na minha cabeça eu pensava *What The Fuck* mano, você está fazendo eu perder o meu tempo.

A esta altura provavelmente já mudaram de nome para Rosita, Margarita e estão morando em Palmas de Mallorca, se divertindo na praia.

Enfim, ligamos para meu pai da delegacia, ele deu um pulo e veio nos buscar o mais rápido que pôde na delegacia.

Isso provavelmente aconteceu por volta das 4 da manhã.

No Brasil você pode ver todos os tipos de crimes, mas NUNCA em um shopping center, eles têm câmeras de segurança e os seguranças em cada esquina.

Shopping centers são os lugares mais seguros do Brasil.

Tive pesadelos durante um ano sobre ser perseguida e quase morta.

Onde quer que ele andasse, eu estava olhando para os lados.

Tínhamos um segurança na esquina da nossa casa.

Morávamos nesta linda casa britânica de tijolos, com quintal, piscina, churrasqueira, como a maioria das casas da região.

Não tenho certeza se foi algo pessoal contra meu pai ou minha família.

Depois de um evento como esse, você tem todo tipo de dúvida na cabeça.

Tive um amigo muito próximo que me explicou esse plano.

Ele havia trabalhado para a Força Aérea Argentina.

Lo Jack não faz nada, quando se ativa uma emergência, a polícia permite que essas gangues operem repetidamente no mesmo shopping center e em outras áreas próximas.

As bandas dão a eles um pedaço do bolo. SIMPLES.

A empresa de rastreamento não envia viaturas de resgate, a polícia age como se nada tivesse acontecido e as quadrilhas continuam com seus negócios.

É o seu *business model*, o seu modelo de negócio.

Um modelo em que todos ganham, como se diz em inglês, é um *win-win*, um "onde ganham todos".

A aplicação da lei significa porra nenhuma na América Latina.

É difícil confiar nas pessoas e na vida por um tempo.

A CAMBALHOTA CRIMINAL

Isso aconteceu em 2017, já morando em Miami.
Eu estava filmando um *demo reel* ao lado do canal, na Haulover Marina, uma vista excelente com muitos barcos, iates, jet skis e algumas pessoas estavam passeando de caiaque também.
Era um dia ensolarado, parcialmente assustador, com possibilidades de crime.
Estava lá com alguns produtores/cineastas.
Nos instalamos e começamos a gravar minha introdução e, de repente, vimos este indivíduo se aproximando, um cara alto, negro, obeso e olhos demoníacos.
Ele estava se tocando por baixo da bermuda enquanto caminhava e olhava pra mim.
E não tirava a mão de suas calças. Que nojo!
Tratamos de ignorá-lo, mas ele continuava avançando em nossa direção.
Tentou forçar e roubar a câmera e o resto do equipamento usado na gravação, que era do meu amigo, ambos o desviamos, o outro cara estava mais longe e não via que isso estava acontecendo, o delinquente se voltou para mim e me disse "Eu vou te comer!"
Várias vezes. Eu estava em estado de choque.
Depois de tudo que já aconteceu comigo, agora isso?
Meu amigo tentou acalmá-lo, bloqueando sua visão, impedindo que ele se aproximasse de mim e me disse:
"Corre, Grazi!"

Então foi isso que fiz, descalça, mas estava com as chaves do carro na mão, por sorte.

Depois que o criminoso percebeu que não poderia me estuprar ou roubar os equipamentos do meu amigo, ele pegou minha bolsa com roupas, sapatos, acessórios e jogou tudo no canal.

Tenho saudades dos meus sapatos!!!

Quando cheguei ao meu carro, liguei para o 911, explicando rapidamente o que aconteceu.

Desliguei e fui até meu amigo que ainda estava perto do cara.

Dei umas voltas, e gritei o nome dele para ele entrar no carro.

Ele subiu rapidamente, eu me virei para que ele pudesse nos perder de vista.

Esse idiota tocou nervos e traumas.

Tive sede de investigar e comecei a persegui-lo.

VOCÊ NÃO VAI SAIR GANHANDO!!! (Não dessa vez).

Ele entrou em um sedan azul.

Tirei muitas fotos e vídeos.

Liguei novamente para o 911, me identifiquei e dei a descrição do veículo, a placa e a direção que estava indo.

A1A sentido sul.

Eles me agradeceram e agiram rapidamente.

Guardei todas as evidências para mostrar aos detetives mais tarde.

E também informei à operadora que o estava seguindo, e ela me disse:

"Senhora, a senhora não é policial, por favor, retorne ao estacionamento onde ocorreu o incidente, as unidades chegarão em breve."

Graças às informações fornecidas (e a rapidez), conseguiram localizá-lo com prontidão.

MÚSICA DE SUSPENSE

Menos de 5 minutos depois, ouvimos o helicóptero se aproximando.

Eles localizaram o cara de cima.

Os meninos e eu estávamos esperando no estacionamento.

Dois carros de polícia, duas motos de areia da polícia, dois policiais de bicicleta nos cercaram, chegavam em sincronia, como num filme.

Eu mesma fui capaz de liderar uma missão de captura completa, mano!

Estilo CSI Miami.

Minha adrenalina estava fervendo.

PELA PRIMEIRA VEZ NA MINHA VIDA, FIZ JUSTIÇA POR TODAS AS VEZES QUE FOMOS AMEAÇADOS, ROUBADOS E SEQUESTRADOS!

Quando a polícia e os detetives pararam no estacionamento nº 1 da Haulover Marina, a operadora me ligou novamente e aconselhou:

"Senhorita Callado, agradecemos a prontidão e evidência no depoimento, o indivíduo foi detido neste momento, entrou na casa de uma menina, que estava sozinha, e também tentava estuprá-la, as unidades e policiais o prenderam imediatamente."

1x0 PARA GRAZI!

Depois, os detetives nos entrevistaram, em carros separados, para garantir que as histórias fossem corroboradas.

Depois disso, nos levaram até a casa da garota que ele tentou estuprar e onde foi preso, para confirmação visual.

Demos a confirmação. Era o mesmo cara.

Parece estúpido, mas é protocolo (e me assustou sim, eu não queria que ele me visse).

Confirmamos e voltamos ao estacionamento nos carros dos detetives.

Após a investigação que realizaram, mais tarde naquele dia, o detetive me disse que o indivíduo cometeu 5 crimes, não me lembro dos "termos legais" oficiais, mas as acusações eram mais ou menos assim:

1. Ele escapou de um centro psiquiátrico. (Bem, parece que ele sabia muito bem o valor de uma câmera e das garotas que queria, por que ele não conversava com árvores e pássaros ou barcos? Ele simplesmente ficava "louco" quando queria.)
2. Roubo de carro. O carro que ele dirigia foi roubado de uma mulher que estava abastecendo no posto de gasolina.
3. Tentativa de estupro e assalto à mão armada. Nosso caso.
4. Invasão domiciliar e tentativa de estupro. Essa era a garota que ele iria perseguir em seguida (mas graças a Grazi, eles o prenderam primeiro).
5. Cuspiu nos dois policiais que o prenderam, quebrou as duas janelas do carro onde o colocaram, enquanto "bateu" a cabeça nos policiais, insultando-os e ameaçando-os.

Tenho muito orgulho das pessoas que arriscam suas vidas todos os dias e passam por isso.

Policiais, detetives, bombeiros, paramédicos.

Obrigado a todos pelo seu serviço!

Chamaram a mim e aos meninos para testemunharmos perante o procurador do estado (nos EUA, é o *State Attorney*).

Todos nós fomos.

O cara foi mandado para a prisão e depois para a prisão.

Hoje em dia, se você for à praia de Haulover (não a de nudismo), a de onde fica o farol, sede do Ocean Rescue/Fire Rescue, onde tem as redes de *beach volley*, você SEMPRE verá uma unidade policial, na entrada da praia, como bem como no estacionamento do outro lado da rua, tem que atravessar um túnel, lá que ocorreu o infortúnio.

É por causa deste incidente.

DE AMOR UNIVERSITÁRIO A SURPRESA GAY

"Pelo menos ele me trocou por outro homem, então não há comparação."

De momentos aterrorizantes com risco de vida a momentos apavorantes que ameaçaram meu amor.
Retrocedamos 10 anos e voltemos para Buenos Aires.
Dei uma chance ao amor novamente.
Por mais ridículo que pareça.
Tempos universitários...
Ficamos juntos por um ano. *"On and Off"* ...
Alto, loiro acobreado, olhos azuis. Descendência britânica e italiana. Nariz perfeito.
Medalhas esportivas por toda parte, campeão de hóquei.
Ele também foi produtor de televisão e ator *freelancer*.
(E muito bom pelo que eu sei).
Nos conhecemos na universidade, ele estava na mesma carreira que eu, dois anos antes de mim.
Ele era inteligente, talentoso, adorável, maluco, instável, complicado e tendia a me ignorar, em inglês, *"ghosting"*.
(Mas lembre-se que sou campeã da categoria em saltar *red flags*... então saltei com graça).

Ele tinha uma personalidade incrível.
Alguns problemas de compromisso no início, mas seu coração era puro. Ele era espirituoso, engraçado e sarcástico.
Criamos tantas coisas juntos, arte plástica, música, dança, diversão, sempre participamos de atividades diferentes.

Nós dois éramos amantes do café, sempre íamos a algum lugar tomar café, bolos, adorávamos comer juntos.
Ele também me convidou para jantar.
Que cozinheiro incrível!
A química foi ótima. Embora não seja como meu primeiro namorado.
Acho que escrevi umas onze músicas para ele, estava tão apaixonada e tão confusa com ele também... então, minha catarse foi a música.
Nós terminamos algumas vezes.
É impressão minha ou é difícil namorar em Buenos Aires?
Tínhamos planos de viajar juntos e fazer música juntos, filmes, coisas malucas.
Isso me fez olhar para frente e pensar em constituir família e ter filhos.
Mas aquele sentimento estranho de intuição saltou novamente.
Algo não estava certo com ele.
Dois finais de semana se passaram, não tive notícias dele, não recebi ligação nem mensagem...
Depois que ele "apareceu" novamente, ele me disse que precisava ver sua família em uma viagem para o sul.
Ele precisava de tempo para clarear a cabeça, e viajar para ver sua família o ajudaria.
Era uma terça-feira, depois daqueles dois finais de semana de silêncio, ele me disse para ir ao apartamento dele.
Como se nada tivesse acontecido.
Saímos juntos. Tudo parecia bem.
Ele recebeu uma ligação.
Ele era seu melhor amigo, o amigo do teatro com quem passava muito tempo.

Ele respondeu rapidamente e muito feliz.

Perguntei o que estava acontecendo, ele parecia muito feliz.

E de repente, sem cerimônia (como dizemos no Brasil) ele admitiu que estava saindo com seu melhor amigo há cerca de duas semanas.

Claro, meu queixo caiu e fiquei em choque por pelo menos alguns meses.

PUTA QUE PARIU MANO!

Demorou um pouco para ele se abrir sobre isso, mas agradeço a decência de pelo menos me dizer a verdade. Eu valorizo isso.

Saí rapidamente do apartamento dele para nunca mais ver seu lindo rosto.

É uma loucura que essa história com o mesmo "ar" tenha acontecido com minha tia-avó que adoro, xará da minha mãe.

Mas ela foi casada com o marido durante muitos anos, teve três filhos, apenas para descobrir que o marido tinha sido infiel e homossexual durante a maior parte da vida.

Sem nunca sair do armário.

Aprender a deixar ir é a chave para a resiliência.

Eu disse para mim mesma:

"Bem, pelo menos ele me trocou por outro homem, não posso competir com um cara com pirulito."

Foi um pouco trágico sim, cortei o cabelo (que nunca faço, muito curto) e pintei de preto.

Mas então depois, quando contei isso aos meus amigos, foi engraçado e consegui superar.

CONCLUSÃO

A vida é uma mistura entre desafio e recompensa.
Quão forte é sua mente quando você está angustiado e frustrado?
Às vezes é difícil ver as bênçãos através das maldições.
Mas é a maldição QUE TRAZ A BÊNÇÃO.

Como eu disse antes...
Deixe doer e deixe ir...

TUDO SAI DO SEU JEITO QUANDO VOCÊ ESTÁ POUCO SE FUDENDO.

Esse foi o destaque deste livro!

Onde há humanos, há caos, ridículo, comoção e o mais importante:

Um "sarcasmo cósmico".

Nasci rebelde, mas a vida MAXIMIZOU.
Como querosene para os isqueiros.

ESTAREI PRONTA PARA SER 4x4 TODO TERRENO?
QUE TÃO DURO A VIDA PÔS VOCÊ A PROVA E TESTOU SEUS METAIS?

Compartilhe nos seus *stories*, me marque @grazicall

Ou me mande um e-mail à graziella@grazimusic.com

Aprender e servir foram as lições mais importantes.

Não perca a próxima temporada de

"HISTÓRIA DA MINHA VIDA: UMA PIADA DO UNIVERSO PARTE II."

Viva a "tragicomédia"!

www.ingramcontent.com/pod-product-compliance
Lightning Source LLC
Chambersburg PA
CBHW060158050426
42446CB00013B/2891